管理会计技能项目化训练规划教材

○ 主审 郑在柏

QIYE JIXIAO PINGJIA FENXI BAOGAO

企业绩效评价分析报告

○ 编著 杨 昕 朱梦佳 李培培

苏州大学出版社
Soochow University Press

图书在版编目(CIP)数据

企业绩效评价分析报告/杨昕,朱梦佳,李培培编著. —苏州:苏州大学出版社,2020.11
管理会计技能项目化训练规划教材
ISBN 978-7-5672-3408-6

Ⅰ.①企… Ⅱ.①杨… ②朱… ③李… Ⅲ.①企业绩效-经济评价-高等职业教育-教材 Ⅳ.①F272.5

中国版本图书馆 CIP 数据核字(2020)第 228256 号

企业绩效评价分析报告
杨 昕 朱梦佳 李培培 编著
责任编辑 王 亮

苏州大学出版社出版发行
(地址:苏州市十梓街 1 号 邮编:215006)
丹阳兴华印务有限公司印装
(地址:丹阳市胡桥镇 邮编:212313)

开本 787 mm×1 092 mm 1/16 印张 7.25 字数 104 千
2020 年 11 月第 1 版 2020 年 11 月第 1 次印刷
ISBN 978-7-5672-3408-6 定价:22.00 元

若有印装错误,本社负责调换
苏州大学出版社营销部 电话:0512-67481020
苏州大学出版社网址 http://www.sudapress.com
苏州大学出版社邮箱 sdcbs@suda.edu.cn

江苏联合职业技术学院院本教材出版说明

江苏联合职业技术学院自成立以来，坚持以服务经济社会发展为宗旨、以促进就业为导向的职业教育办学方针，紧紧围绕江苏经济社会发展对高素质技术技能型人才的迫切需要，充分发挥"小学院、大学校"办学管理体制创新优势，依托学院教学指导委员会和专业协作委员会，积极推进校企合作、产教融合，积极探索五年制高职教育教学规律和高素质技术技能型人才成长规律，培养了一大批能够适应地方经济社会发展需要的高素质技术技能型人才，形成了颇具江苏特色的五年制高职教育人才培养模式，实现了五年制高职教育规模、结构、质量和效益的协调发展，为构建江苏现代职业教育体系、推进职业教育现代化做出了重要贡献。

面对新时代中国特色社会主义建设的宏伟蓝图，我国社会主要矛盾已经转化为人民日益增长的美好生活需要和不平衡不充分的发展之间的矛盾，这就需要我们有更高水平、更高质量、更高效益的发展，实现更加平衡、更加充分的发展，才能全面建成社会主义现代化强国。五年制高职教育的发展必须服从并服务于国家发展战略，以不断满足人们对美好生活的需要为追求目标，全面贯彻党的教育方针，全面深化教育改革，全面实施素质教育，全面落实立德树人根本任务，充分发挥五年制高职贯通培养的学制优势，建立和完善五年制高职教育课程体系，健全德能并修、工学结合的育人机制，着力培养学生的工匠精神、职业道德、职业技能和就业创业能力，创新教育教学方法和人才培养模式，完善人才培养质量监控评价制度，不断提升人才培养质量和水平，努力办好人民满意的五年制高职教育，为决胜全面建成小康社会、实现中华民族伟大复兴的中国梦贡献力量。

教材建设是人才培养工作的重要载体，也是深化教育教学改革、提高教学质量的重要基础。目前，五年制高职教育教材建设规划性不足、系统性不强、特色不明显等问题一直制约着内涵发展、创新发展和特色发展的空间。为切实加强学院教材建设与规范管理，不断提高学院教材建设与使用的专业化、规范化和科学化水平，学院成立了教材建设与管理工作领导小组和教材审定委员会，统筹领导、科学规划学院教材建设与管理工作。制定了《江苏联合职业技术学院教材建设与使用管理办法》和《关于院本教材开发若干问题的意见》，完善了教材建设与管理的规章制度；每年滚动修订《五年制高等职业教育教材征订目录》，统一组织五年制高职教育教材的征订、采购和配送；编制了学院"十三五"院本教材建设规划，组织18个专业协作委员会和公共基础课程协作委员会推进院本教材开发，建立了一支院本教材开发、编写、审定队伍；创建了江苏五年制高职教育教材研发基地，与江苏凤凰职业教育图书有限公司、苏州大学出版社、北京理工大学出版社、南京大学出版社、上海交通大学出版社等签订了战略合作协议，协同开发独具五年制高职教育特色的院本教材。

今后一个时期，学院在推动教材建设和规范管理工作的基础上，紧密结合五年制高职教育发展新形势，主动适应江苏地方社会经济发展和五年制高职教育改革创新的需要，以学院18个专业协作委员会和公共基础课程协作委员会为开发团队，以江苏五年制高职教育教材研发基地为开发平台，组织具有先进教学思想和较高学术造诣的骨干教师，依照学院院本教材建设规划，重点编写出版约600本有特色、能体现五年制高职教育教学改革成果的院本教材，努力形成具有江苏五年制高职教育特色的院本教材体系。同时，加强教材建设质量管理，树立精品意识，制定五年制高职教育教材评价标准，建立教材质量评价指标体系，开展教材评价评估工作，设立教材质量档案，加强教材质量跟踪，确保院本教材的先进性、科学性、人文性、适用性和特色性建设。学院教材审定委员会组织各专业协作委员会做好对各专业课程（含技能课程、实训课程、专业选修课程等）

教材进行出版前的审定工作。

　　本套院本教材较好地吸收了江苏五年制高职教育最新理论和实践研究成果，符合五年制高职教育人才培养目标定位要求。教材内容深入浅出，难易适中，突出"五年贯通培养、系统设计"专业实践技能经验积累培养，重视启发学生思维和培养学生运用知识的能力。教材条理清楚，层次分明，结构严谨，图表美观，文字规范，是一套专门针对五年制高职教育人才培养的教材。

学院教材建设与管理工作领导小组

学院教材审定委员会

2017 年 11 月

序言

随着智慧会计时代的来临,会计行为发生了巨大变化,会计职业教育的课程体系和教学内容也应随之变化或调整,其变化的核心就是把以"财务会计核算"为核心的专业课程体系转化为"财务会计核算+管理会计"的双核心课程体系。在学制不变、教学时间基本不变的状况下,构建"财务会计核算+管理会计"的双核心课程体系,并不是简单地在以"财务会计核算"为核心的专业课程体系中增加管理会计课程就可以解决问题的,而是需要在对"财务会计核算"专业课程体系进行调整和优化的基础上,正确设计、精心论证管理会计的课程和管理会计专业技能训练项目课程体系。从2017年度起,江苏联合职业技术学院会计专业协作委员会组织了"江苏省五年制高职会计类专业管理会计课程构建专题研发组",对智慧会计背景下五年制高职会计类专业课程体系的重构和管理会计专业技能项目化训练课程的开发进行了调研、论证、研究和实践,力求建立一套适应学生的学习基础,实务操作性强,与企业、单位实践相向而行的模块化、填充式、标准化、可组合、可扩展的网络化技能训练教学项目系统,并形成以下研究和实践成果。

一是对五年制高职会计类专业课程体系进行模块化重构,构建了"财务会计核算+管理会计"的双核心的课程模块体系。专业课程设置了财务会计基础课程模块、财务会计核心课程模块、财务会计技能训练项目化课程模块、管理会计基础课程模块、管理会计技能训练项目化课程模块。

二是对专业技能训练进行项目化改革与建设,按照会计核算专业技能训练、管理会计专业技能训练两个实践教学链路构建专业技能训练项目化实训教学课程。其中,财务会计技能训练项目化课程模块优化为"经验积累性"专业训练项目化课程,对学生进行专业技能的反复训练,以实现专业技能经验的积累。管理会计技能训练项目化课程模块按照"体验积累性"专业训练项目化课程建设,通过对学生进行专业技能的体验式训练,提升其运用专业知识、技术解决问题的专业能力。

三是管理会计"体验积累性"专业训练项目化课程的开发。我国中小微企业管理会计发展具有鲜明的多岗位融合、"政策导向型"管理会计工作特色。管理会计工作从阅读财务会计报表开始,根据单位发展和价值管理的需要,逐步围绕"财务会计报表分析、成本项目管理、纳税管理与税控风险管理、薪酬社保管理与分析、内部控制管理与评价、综合业绩分析、风险控制管理、预算管理、绩效评价、价值创造管理、投资管理、融资管理、战略管理分析"等工作范围展开。管理会计与财务会计的主要不同点就是,管理会计是为本单位内部管理需要服务的,并没有刚性统一的工作规范标准和信息语言要求,各单位之间管理会计工作的程度、重点、路径、方法等差异性大。管理会计专业技能不会像财务会计专业技能那样有明确的外部规范和标准要求,而是建立在发散性思维基础上的判断、分析、归纳、提炼、报告等技能。因此,基于上述影响因素,会计职业教育管理会计专业技能实训项目课程体系宜按照"体验积累性"专业训练项目化课程的要求进行建设。

基于上述研究成果,根据我国目前中小微企业财务会计向管理会计转化以及管理会计工作扩展领域和进程不同的现状,五年制高职会计专业的管理会计"体验积累性"训练项目化课程的建设按照三个技能训练项目模块依次开发实践:一是管理会计技能基本训练项目模块,主要包括"财务会计报表阅读报告""财务会计报表分析报告""成本项目管理分析报告""纳税管理分析报告""内部控制评价分析报告"等;二是管理会计技能提升训练项目模块,主要包括"薪酬社保管理分析报告""综合业绩分析报告""风险控制分析报告""预算管理分析报告""绩效评价分析报告"等；三是管理会计技能扩展训练项目模块，主要包括"价值创造管理分析报告""投资管理分析报告""项目可行性分析报告""融资管理分析报告""社会责任承担管理分析报告"等。管理会计技能基本训练项目模块为必修实训项目课程，提升训练项目模块和扩展训练项目模块作为选修实训项目课程，将根据中小企业管理会计发展进程逐步增设。

本管理会计"体验积累性"技能训练项目化课程具有以下特点：

一是适应我国会计实践领域发展要求。本项目化训练课程落实财政部关于全面建设管理会计的相关文件精神，以《管理会计应用指引第801号——企业管理会计报告》为基础，将管理会计指引规范及时引入教学。同时根据我国管理会计实践发展的进程依次开发技能训练项目模块。

二是适应学生现状。初中毕业起点的五年制高职学生年龄较小，具有好奇心强、接受新事物快、可塑性高、喜欢动手等优势，同时也存在理解能力、抽象思维能力、自学能力等方面的不足之处。管理会计知识系统性强，对逻辑思维要求高，如果按照常规教学方法，学生学习管理会计系统性知识的难度非常大。本项目化训练课程适应学生的学习基础，实务操作性强，模块化、填充式、标准化、可组合、可扩展的网络化技能训练学习方式能够破解管理会计课程理论基础要求高、知识系统性强和专业术语多的教学难题。

三是专业技能训练目标明确。训练学生对财务信息和非财务经济信息的阅读、判断、分析、归纳、提炼、报告等技能，使其逐步形成和积累专业判断、运用和扩展能力，并具备利用财务和经济信息进行预测、分析、评价的专业职业能力，能向管理决策者提供较为规范的决策建议。本项目化训练课程的起点是学生对财务信息和非财务经济信息的阅读，训练的关键点是能写出判断、分析、归纳、提炼、建议的报告书。

四是信息化水平高。学院与厦门九九网智科技有限公司合作研发了与纸质教材配套的"管理会计技能训练项目学习平台系统"，项目实训可在信息化平台上进行线上、线下训练，同时发挥"互联网+"的教育功能，减少记忆要求，将学习时间碎片化，实现自主学习、愉悦训练。

五是训练项目模板化。对专业训练项目提供阅读、分析、判断、总结、提炼的实训示范引导，训练案例报告提供模板文本，让学生运用示范引导，在报告模板基础上，采用填空、选择等方式实训专业技能点，形成完整的阅读、分析或决策建议报告文本。

六是训练学习成果化。学生通过在报告模板文本上的实训，形成较为规范完整的项目化报告成果。项目化报告成果进入学生的学习物化成果库，逐步积累成由学生训练完成的系列案例报告，可作为学生参加工作后的参考范例。

本套项目化训练教材和"管理会计技能训练项目学习平台系统"符合教育部门对高职高专教育教学的要求，深度适中，实践材料丰富，便于教学和专业技能训练，实务操作性强，与企业、单位管理会计实践相向而行。其项目内容的模块化、填充式、标准化、可组合、可扩展的特色充分体现了"做中学、学中做"，强化学生管理会计基本技能的训练，提升学习的针对性和应用性，在专业能力训练体系构建上有创新、有探索，理论与实践紧密结合。

本套项目化训练教材和"管理会计技能训练项目学习平台系统"主要适用于五年制高等职业教育会计类专业的课程教学，也适用于三年制高等职业教育、中等职业教育的财经类专业课程教学，还可以用于会计从业人员的学习、培训。管理会计报告模板文本和训练示范指引也可供广大中小企事业单位管理会计工作人员参考引用。

江苏联合职业技术学院财务会计专业协作委员会

2019 年 1 月

前言

如何构建与智慧会计时代背景相适应的管理会计技能训练项目课程体系，是江苏联合职业技术学院财务会计专业协作委员会2018年度所确定的课程建设重点课题。课题组在学习我国已颁布的管理会计基本指引和相关应用指引的基础上，根据五年制高职教育的基本特点和培养目标定位，对我国中小企事业单位管理会计工作发展现状进行了调研、论证和分析，确定以培养学生对财务信息和相关非财务信息的认知、解读、判断、分析、归纳、提炼和报告等管理会计专业技能为出发点，从管理会计工作报告的规范化撰写入手，开发一套能适应五年制高等职业教育学生的学习基础，实务操作性强，与企业实践相向而行的模块化、填充式、标准化、可组合、可扩展的网络化技能训练项目化课程体系。"企业绩效评价分析报告"就是本套管理会计技能训练项目课程体系中的基本训练项目课程。

在智慧会计环境下，会计与人工智能的融合推动了管理会计的快速发展。绩效管理是管理会计中的重要一环。加强企业绩效管理，能激发和调动员工的积极性，增强企业的价值创造力，也能保证组织战略目标的实现，而绩效管理的核心和基础就是绩效评价。准确运用绩效评价的方法开展企业绩效评价工作，提出财务管理建议，是会计人员的基本专业技能。为此，本项目化训练课程旨在让学生能够运用绩效评价的基本方法进行绩效评价分析，即能对绩效评价的案例资料进行认知、解读、计算、判断、分析、归纳，发现差异，找出原因，给出相应的财务管理建议，并撰写出规范、准确、科学的企业绩效评价分析报告。

本项目化训练课程由纸质化教材和信息化训练平台系统组成。其中，纸质化教材由三个部分组成。

第一部分是"企业绩效评价分析指引",主要是指引学生认知绩效评价的含义和重要性,了解绩效评价常用方法,明确绩效评价常用指标的内涵和计算公式;并重点介绍了平衡计分卡、绩效棱柱模型两种方法的基本原理和应用程序,为后续开展绩效评价分析指明了方向。

第二部分是"企业绩效评价分析报告示范",主要是通过案例资料和绩效评价分析报告文本格式,提示、引导学生对绩效评价分析案例资料进行认知、解读、计算、判断、分析、归纳,进而撰写出规范、准确、科学的绩效评价分析报告。

第三部分是"企业绩效评价分析报告能力训练",设计了四份不同类型的企业绩效评价分析案例资料。案例资料是在收集真实的企业绩效评价资料的基础上整理形成的,分别要求学生运用平衡计分卡和绩效棱柱模型两种方法进行绩效评价分析,从不同的角度训练学生绩效评价的能力,使其体验不同的绩效评价流程并撰写绩效评价分析报告,从而提升学生运用所学的会计专业知识和技术提出问题、分析问题、解决问题的专业能力。

与纸质教材配套的课程信息化平台系统是与厦门九九网智科技有限公司合作开发的。学生能够在信息化平台上进行线上学习和实训,实现自主学习、愉悦训练,提升训练实效;借助训练案例报告模板,学生可采用填空、选择等方式编制出完整的绩效评价报告文本;同时,学生实训报告可自动转入学习物化成果库。这很好地实现了专业技能训练学习的信息化、模板化和成果化。

本项目化训练课程纸质教材由江苏联合职业技术学院常州刘国钧分院杨昕副教授、朱梦佳老师、李培培老师编著,江苏联合职业技术学院徐州财经分院郑在柏教授担任主审。江苏理工学院商学院陈国平副院长、张燕老师进行审阅并提出了很好的指导意见,江苏联合职业技术学院财务会计专业协作委员会管理会计技能训练教材开发调研组对本书进行了论证和指导,在此一并感谢。

恳请使用本项目化训练课程的学校、老师、学生和相关单位提出宝贵意见，以使本书更加完善、实用、适用。联系电子邮箱为：35318014@qq.com。

编著者

2020 年 9 月

第一部分	企业绩效评价分析指引	001
第二部分	企业绩效评价分析报告示范	021
第三部分	企业绩效评价分析报告能力训练	039
训练案例1	JK服装股份有限公司绩效评价分析报告	041
训练案例2	OP快递股份有限公司绩效评价分析报告	054
训练案例3	GH家化股份有限公司绩效评价分析报告	066
训练案例4	XZ电器股份有限公司绩效评价分析报告	080

第一部分

企业绩效评价分析指引

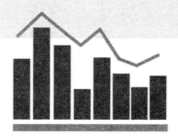

随着大数据、云计算、区块链、财务机器人等新技术的出现，会计的工作内容和工作方式发生了改变。会计与人工智能的融合推动了管理会计的快速发展，越来越多的企业开始重视管理会计在企业管理中的重要地位。绩效管理是管理会计中非常重要的内容，加强企业绩效管理，能激发和调动员工的积极性，增强企业的价值创造力，也能保证组织战略目标的实现。

绩效管理，是指企业与所属单位（部门）、员工之间就绩效目标及如何实现绩效目标达成共识，并帮助和激励员工取得优异绩效，从而实现企业目标的管理过程。绩效管理的核心是绩效评价和激励管理。企业进行绩效管理应遵循战略导向、客观公正、规范统一、科学有效的原则。

（1）战略导向原则。绩效管理应为企业实现战略目标服务，支持价值创造能力提升。

（2）客观公正原则。绩效管理应实事求是，评价过程应客观公正，激励实施应公平合理。

（3）规范统一原则。绩效管理的政策和制度应统一明确，并严格执行规定的程序和流程。

（4）科学有效原则。绩效管理应做到目标符合实际，方法科学有效，激励与约束并重，操作简便易行。

本教材主要介绍绩效评价。

一、绩效评价概述

（一）绩效评价的含义

绩效评价，是指企业运用系统的工具方法，对一定时期内企业营运效率与效果进行综合评判的管理活动。绩效评价是企业实施激励管理的重要依据。

（二）绩效评价的工具方法

绩效管理领域应用的管理会计工具方法一般包括关键绩效指标法、经济增加值法、平衡计分卡、绩效棱柱模型等。

企业可根据自身战略目标、业务特点和管理需要，结合不同工具方法的特征及适用范围，选择一种适合的绩效管理工具方法单独使用，也可选择两种或两种以上的工具方法综合运用。例如，经济增加值法、关键绩效指标法较少单独应用，一般与平衡计分卡等其他工具方法结合使用。

（三）绩效评价分析的常用指标

绩效评价的指标多种多样，在实际工作中，指标的选择较为灵活，企业应结合实际情况，围绕战略目标的实现构建指标体系。本教材选择表 1-1 中的指标作为常用指标，仅供参考。

表 1-1　绩效评价分析常用指标

序号	指标名称	指标内涵	计算公式或说明
1	投资资本回报率	投资资本回报率是指企业在一定会计期间取得的息前税后利润占其所使用的全部投资资本的比例，反映企业在会计期间有效利用投资资本创造回报的能力。该指标可用投资回报率、投资资本平均余额或投资资本来描述。	投资回报率＝［税前利润×（1－所得税率）＋利息支出］÷投资资本平均余额×100% 投资资本平均余额＝（期初投资资本＋期末投资资本）÷2 投资资本＝有息债务＋所有者（股东）权益
2	净资产收益率	净资产收益率是指企业在一定会计期间取得的净利润占其所使用的净资产平均数的比例，反映企业全部资产的获利能力。	净资产收益率＝净利润÷平均所有者权益×100%
3	经济增加值回报率	经济增加值回报率是指企业在一定会计期间经济增加值与平均资本占用的比值。	经济增加值回报率＝经济增加值÷平均资本占用×100%
4	销售收入增长率	销售收入增长率是指企业本年销售收入较上年增长额与上年销售收入总额的比值。该指标是评价企业成长状况和发展能力的重要指标。一般情况下，该指标越大，表明销售收入增长速度越快，企业市场前景越好。	本年销售收入增长额÷上年销售收入总额×100%

续表

序号	指标名称	指标内涵	计算公式或说明
5	基本每股收益	基本每股收益是指企业用属于普通股股东的当期净利润除以发行在外普通股的加权平均数从而计算出的每股收益。	基本每股收益＝归属于普通股股东的当期净利润÷发行在外普通股的加权平均数
6	总资产报酬率	总资产报酬率是指企业在一定时期内获得的报酬总额与资产平均总额的比率。它表示企业包括净资产和负债在内的全部资产的总体获利能力，是评价企业资产运营效益的重要指标。	总资产报酬率＝（利润总额＋利息支出）÷平均资产总额×100%
7	净利润增长率	净利润增长率是指企业当期净利润比上期净利润的增长幅度，指标值越大代表企业盈利能力越强。	净利润增长率＝（本年净利润－上年净利润）÷上年净利润×100%
8	毛利率	毛利率是指毛利与销售收入（或营业收入）的百分比。毛利率可反映企业在成本控制和产品定价等方面存在的问题，体现了商品经过生产转换增值的那部分。	毛利率＝（销售收入－销售成本）÷销售收入×100%
9	成本费用利润率	成本费用利润率是指企业一定期间的利润总额与成本费用总额的比率。该指标体现了经营耗费所带来的经营成果，指标越高，说明利润越大，反映企业的经济效益越好。	成本费用利润率＝利润总额÷成本费用总额×100% 成本费用总额＝营业成本＋税金及附加＋销售费用＋管理费用＋财务费用
10	自由现金流	自由现金流是指企业一定会计期间经营活动产生的净现金流超过付现资本性支出的金额，反映企业可动用的现金。	自由现金流＝经营活动净现金流－付现资本性支出
11	净利润现金含量	净利润现金含量是指企业生产经营中产生的现金净流量与净利润的比值。该指标越大越好，指标越大表明企业销售回款能力越强，成本费用越低，财务压力越小。	净利润现金含量＝经营活动现金净额÷净利润×100%

续表

序号	指标名称	指标内涵	计算公式或说明
12	销售收现比率	销售收现比率是指销售商品提供劳务收到的现金与主营业务收入净额的比值。该指标反映公司每1元主营业务收入中,有多少实际收到现金的收益。一般地,其数值越大表明公司销售收现能力越强,销售质量越高。	销售收现比率=销售收到的现金÷销售净收入×100%
13	资产负债率	资产负债率是指企业负债总额与资产总额的比值,反映企业整体财务风险程度。	资产负债率=负债总额÷资产总额×100%
14	应收账款周转率	应收账款周转率是指企业在一定时期内赊销净收入与平均应收账款余额的比值。它是衡量企业应收账款周转速度及管理效率的指标。	应收账款周转率=当期销售净收入÷[(期初应收账款余额+期末应收账款余额)÷2]
15	存货周转率	存货周转率是指企业销货成本与存货平均余额的比值,用于反映存货的周转速度,即存货的流动性及存货资金占用量是否合理,促使企业在保证生产经营连续性的同时,提高资金的使用效率,增强企业的短期偿债能力。	存货周转率=销货成本÷存货平均余额
16	总资产周转率	总资产周转率是指营业收入净额与平均资产总额的比值,表示总资产在一定会计期间内周转的次数,反映了企业全部资产的管理质量和利用效率。	总资产周转率=营业收入净额÷平均资产总额
17	资本周转率	资本周转率是指企业在一定会计期间内营业收入与平均资本占用的比值,反映股东所投入的资金是否得到充分利用。	资本周转率=营业收入÷平均资本占用×100%
18	息税前利润	息税前利润是指企业当年实现税前利润与利息支出的合计数。	息税前利润=税前利润+利息支出
19	利息保障倍数	利息保障倍数也称已获利息倍数,是指企业生产经营所获得的息税前利润与利息费用之比。它是衡量企业长期偿债能力的指标。利息保障倍数越大,说明企业支付利息费用的能力越强。	利息保障倍数=息税前利润÷利息费用=(利润总额+利息费用)÷利息费用

续表

序号	指标名称	指标内涵	计算公式或说明
20	债务融资成功率	债务融资成功率是指企业通过举债的方式进行融资实际获得的筹资数额占债务融资所需数额的比例。	债务融资成功率=实际的债务融资数额÷债务融资需求量×100%
21	债务资本成本率	债务资本成本率是指企业通过借款和发行债券筹资的用资费用与有效筹资额之间的比率。	银行借款的资本成本率=[年利率×(1−所得税税率)]÷(1−手续费率) 公司债券的资本成本率=[年利息×(1−所得税税率)]÷[债券筹资总额×(1−手续费率)]
22	采购金额增长率	采购金额增长率是指企业当期采购金额比上期采购金额的增长幅度。	采购金额增长率=(报告期采购金额−基期采购金额)÷基期采购金额×100%
23	优质供应商保持率	优质供应商保持率是指报告期优质供应商与基期优质供应商的数量之比。	优质供应商保持率=报告期优质供应商数量÷基期优质供应商数量×100%
24	采购合同履约率	采购合同履约率是指履行合同约定的采购合同数与签订的总采购合同数之比。	采购合同履约率=履约的采购合同数÷总采购合同数×100%
25	市场占有率	市场占有率也称市场份额,是指一个企业某一产品的销售量(或销售额)在市场同类产品中所占的比重。该指标反映企业在市场上的地位,通常市场占有率越高,竞争力越强。	市场占有率=某一产品的销售量(或销售额)÷市场同类产品销售总量(或销售总额)×100%
26	销售策略成功率	销售策略成功率是指实施销售计划的各种因素组合,包括产品、价格、广告、渠道、促销及立地条件,是一种为了达成销售目的而采取的各种手段的最适组合而非最佳组合。销售策略即公司产品或服务投放市场的理念。销售策略成功率是指制定的已成功执行的销售策略数与制定的总策略数之比。	销售策略成功率=制定的已成功执行的销售策略数÷制定的总策略数

续表

序号	指标名称	指标内涵	计算公式或说明
27	客户获得率	客户获得率是指企业在争取新客户时获得成功部分的比例。该指标可用客户数量增长率或客户交易额增长率来描述。	客户数量增长率＝（本期客户数量－上期客户数量）÷上期客户数量×100% 客户交易额增长率＝（本期客户交易额－上期客户交易额）÷上期客户交易额×100%
28	客户保持率	客户保持率是指企业继续保持与老客户交易关系的比例。该指标可用老客户交易额增长率来描述。	老客户交易额增长率＝（老客户本期交易额－老客户上期交易额）÷老客户上期交易额×100%
29	客户获利率	客户获利率是指企业从单一客户得到的净利润与付出的总成本的比率。	客户获利率＝单一客户净利润÷单一客户总成本×100%
30	战略客户数量	战略客户数量是指对企业战略目标实现有重要作用的客户的数量。	—
31	客户投诉率	客户投诉率是指投诉客户数与总客户数的比率。	客户投诉率＝投诉客户数÷总客户数×100%
32	重复购买率	重复购买率是指对产品或服务产生重复购买行为的客户数与产生购买行为的总客户数的比率。重复购买率越高，则反映出消费者对品牌的忠诚度越高。	重复购买率＝产生重复购买行为的客户数÷产生购买行为的总客户数×100%
33	客户有效建议反馈率	客户有效建议反馈率是指客户提出的有效建议的数量占建议总数的比例。	客户有效建议反馈率＝客户提出的有效建议数÷建议总数×100%
34	企业信用等级	企业信用等级是指信用评估机构根据企业资信评估结果对企业信用度划分的等级，它反映了企业信用度的高低。	通过银行评级或机构评级获得。

续表

序号	指标名称	指标内涵	计算公式或说明
35	按期还款率	按期还款率是指企业按期归还银行贷款的数额与同期应归还银行贷款数额的比值。它反映了企业偿还银行贷款的能力和企业的银行信誉。	按期还款率＝当期实际归还银行贷款数额÷当期应归还银行贷款数额×100%
36	产品合格率	产品合格率是指合格产品数量占总产品数量的比例。	产品合格率＝合格产品数÷产品总数×100%
37	生产负荷率	生产负荷率是指投产项目在一定会计期间内的产品产量与设计生产能力的比率。	生产负荷率＝实际产量÷设计生产能力×100%
38	原材料合格率	原材料合格率是指验收合格的原材料数量占验收的原材料总数量的比例。	原材料合格率＝验收合格的原材料数量÷验收的原材料总数量×100%
39	交货及时率	交货及时率是指企业在一定会计期间内及时交货的次数占其总交货次数的比例。	交货及时率＝及时交货的订单个数÷总订单个数×100%
40	研发投入占主营业务收入比	研发投入占主营业务收入比是指研发费用占同期销售收入的比例。	研发投入占主营业务收入比＝研发投入总额÷同期销售收入总额×100%
41	知识产权数量	知识产权是指人们就其智力劳动成果所依法享有的专有权利，包括专利权、商标权等。	—
42	科技成果转化数量	科技成果转化是指为提高生产力水平而对科技成果进行的后续试验、开发、应用、推广，直至形成新产品、新材料、新产业等的活动。其中，科技成果指通过科学研究与技术开发所产生的具有实用价值的成果，包括专利、版权、集成电路布图设计等。	5项及以上表示转化能力强，4项表示转化能力较强，3项表示转化能力一般，2项表示转化能力较弱，1项表示转化能力弱，0项表示无转化能力。

续表

序号	指标名称	指标内涵	计算公式或说明
43	全年培训人次	全年培训人次是指全年累计培训人数。	由人事部统计获得。
44	培训考试合格率	培训考试合格率是指考试合格的培训人员占考试总人数的比例。	培训考试合格率=考试合格人数÷考试总人数×100%
45	核心员工占比	核心员工是指在组织经营中承担具有战略意义的重要工作的员工,一般具有较高的知识水平或技能水平,是企业关键知识和技能的拥有者,也是企业参与市场竞争的有力武器,他们对企业的发展至关重要。 核心员工占比是指核心员工人数占员工总人数的比例。	核心员工占比=核心员工人数÷员工总人数×100%
46	培训计划完成率	培训计划完成率是指培训计划实际执行的总时数占培训计划总时数的比例。	培训计划完成率=培训计划实际执行的总时数÷培训计划总时数×100%
47	合理化建议落实率	合理化建议落实率是指企业针对各部门和员工提出的已采纳和实施的建议数占本年度提出的合理化建议总数的比例。	合理化建议落实率=已采纳和实施的建议数÷本年度提出的合理化建议总数×100%
48	员工流失率	员工流失率是指企业一定会计期间内离职员工人数占员工平均人数的比例。	员工流失率=本期离职员工人数÷员工平均人数×100%
49	员工生产率	员工生产率是指员工在一定会计期间内创造的劳动成果与其相应员工数量的比值。该指标可用人均产品生产数量或人均营业收入进行衡量。	人均产品生产数量=本期产品生产总量÷生产人数 人均营业收入=本期营业收入÷员工人数
50	核心员工离职率	核心员工离职率是指离职的核心员工人数占核心员工总人数的比例。	核心员工离职率=核心员工离职人数÷核心员工总人数×100%

续表

序号	指标名称	指标内涵	计算公式或说明
51	职工薪酬增长率	职工薪酬增长率是指企业本年度职工薪酬增长额与上年度职工薪酬总额的比值。	职工薪酬增长率＝（报告期职工薪酬－基期职工薪酬）÷基期职工薪酬×100%
52	生产技术水平	生产技术水平是反映企业所拥有的加工能力的一个技术参数，它也可以反映企业的生产规模。	专家评分。
53	宣传及售后服务水平	宣传及售后服务水平是指企业在宣传商品时以及在商品出售以后提供各种服务的能力。	专家评分。
54	人力资源管理水平	人力资源管理水平是指企业根据自身发展战略的要求，有计划地对人力资源进行合理配置，通过对员工的招聘、培训、使用、考核、激励、调整等一系列过程，调动员工的积极性，发挥员工的潜能，为企业创造价值，给企业带来效益的能力。	专家评分。
55	供应商沟通能力	供应商沟通能力是指企业和供应商有效地进行信息沟通的能力，包括外在技巧和内在动因。	专家评分。
56	网店运营能力	网店运营能力是指企业运营网络店铺的能力，包括市场开店、网店运营、品牌营销、资金流和物流管理、分销体系的建设与维护、会员营销、数据分析等各方面的能力。	专家评分。
57	决策力满意度	决策力满意度是指企业各部门或员工对股东做出的决策的满意程度。	测评获得。
58	员工满意度	员工满意度是指员工对企业的实际感知与其期望值相比较后得出的指数。	测评获得。主要通过问卷调查、访谈调查等方式，从工作环境、工作关系、工作内容、薪酬福利、职业发展等方面进行衡量。

续表

序号	指标名称	指标内涵	计算公式或说明
59	客户满意度	客户满意度是指客户期望值与客户体验的匹配程度,即客户对某项产品或服务的实际感知与其期望值相比较后得出的指数。	调查获得。客户满意度收集渠道主要包括问卷调查、客户投诉、与客户的直接沟通、消费者组织的报告、各种媒体的报告和行业研究的结果等。
60	客户忠诚度	客户忠诚度也称客户黏度,是指客户对某一特定产品或服务产生了好感,形成了"依附性"偏好,进而重复购买的一种趋向。	调查获得。
61	售后服务满意度	售后服务满意度是指客户对商品出售以后企业所提供的各种服务的满意程度。	调查获得。
62	品牌认知度	品牌认知度是品牌资产的重要组成部分,是衡量消费者对品牌内涵及价值的认识和理解度的标准。	调查获得。

二、绩效评价工具方法的应用

本教材主要介绍平衡计分卡和绩效棱柱模型这两种工具方法的运用。

(一)平衡计分卡

1. 平衡计分卡的含义

平衡计分卡,是指基于企业战略,从财务、客户、内部业务流程、学习与成长4个维度,将战略目标逐层分解转化为具体的、相互平衡的绩效指标体系,并据此进行绩效管理的方法。平衡计分卡基本框架图如图1-1所示。

该方法以企业战略目标为核心,全面描述、衡量和管理战略目标,将战略目标转化为可操作的行动,适用于战略目标明确、管理制度比较完善、管理水平相对较高的企业。其应用对象可为企业、所属单位(部门)

和员工。本教材中平衡记分卡案例的应用对象为企业。

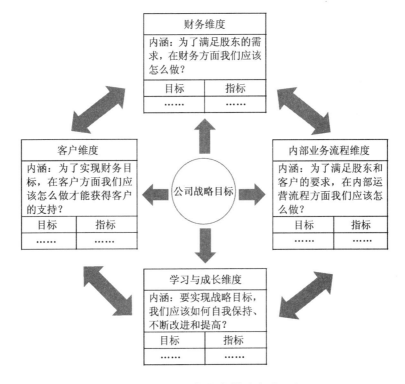

图 1-1　平衡计分卡基本框架图

2. 平衡计分卡的应用程序

企业应用平衡计分卡工具方法时，一般按照制订战略地图、制订以平衡计分卡为核心的绩效计划、制订激励计划、制订战略性行动方案、执行绩效计划与激励计划、实施绩效评价与激励、编制绩效评价与激励管理报告等程序进行。本教材省略了激励管理的内容，主要介绍战略目标的确定、绩效计划的编制、绩效评价的实施和绩效评价报告的编制，具体流程如下。

（1）确定战略目标。

企业战略目标是指企业在实现其使命过程中所追求的长期结果，是在一些最重要的领域对企业使命的进一步具体化。它反映了企业在一定时期内经营活动的方向和所要达到的水平。在确定企业战略目标时，应当结合企业所处的内外部环境，从企业实际出发，使目标合情合理、可实现。

（2）以平衡计分卡为核心编制绩效计划。

绩效计划是企业开展绩效评价工作的行动方案，包括构建指标体系、分配指标权重、确定绩效目标值、选择计分方法和评价周期、签订绩效责任书等一系列管理活动。本教材案例结合企业具体情况，主要介绍构建指标体系，分配指标权重，确定绩效目标值，确定计分方法、标准分和评价等级。

① 构建指标体系。

绩效管理小组通过分解战略目标、确定关键成功因素，与企业各部门管理层、客户、供应商及行业专家等进行沟通交流，采用问卷调查法或李克特5级量表法对各个具体指标进行打分，从而确定财务、客户、内部业务流程、学习与成长4个维度的关键绩效指标。每个维度选择的指标个数根据企业实际情况确定。

② 分配指标权重。

指标的权重反映了被评价对象对企业战略目标的贡献或支持的程度，以及各指标的重要性水平。在确定关键指标的基础上，绩效管理小组可采用专门的方法，先确定4个维度对于绩效评价的权重 W_1，再确定关键指标对于各维度的权重 W_2，最后在此基础上确定各关键指标对于绩效评价的权重 W_3，三者的关系可用数学等式表示为 $W_3 = W_1 \times W_2$。指标权重的确定方法主要有以下4种。

德尔菲法（也称专家调查法）：是指在对各项指标进行权重设置时征询多位专家的意见，然后将汇总平均后的结果反馈给各位专家，再次征询意见，经过多次反复，逐步取得比较一致结果的方法。

层次分析法：是指将绩效指标分解成多个层次，通过下层元素对于上层元素相对重要性的两两比较，构成两两比较的判断矩阵，求出判断矩阵最大特征值所对应的特征向量作为指标权重值的方法。

主成分分析法：是指将多个变量重新组合成一组新的相互无关的综合变量，根据实际需要从中挑选出尽可能多地反映原来变量信息的少数综合变量，进一步求出各变量的方差贡献率，以确定指标权重的方法。

均方差法：是指将各项指标定为随机变量（指标在不同方案下的数值为该随机变量的取值），首先求出这些随机变量（各指标）的均方差，然后根据不同随机变量的离散程度确定指标权重的方法。

本教材主要采用的是层次分析法。

③ 确定绩效目标值。

应用平衡计分卡时，应根据战略地图的因果关系并结合行业标准值为每个评价指标设定目标值。设定目标值时可参考内部标准与外部标准。内部标准有预算标准、历史标准、经验标准等；外部标准有行业标准、竞争对手标准、标杆标准等。本教材案例均结合企业战略目标、行业形势、往年绩效完成情况及实际经营状况确定目标值。

④ 确定计分方法、标准分和评价等级。

a. 计分方法。

绩效评价的计分方法可分为定量法和定性法。定量法主要有功效系数法和综合指数法等；定性法主要有素质法和行为法等。

本教材中平衡计分卡案例选用简化的定量计分方法，计分规则如下：绩效评价指标有正向和负向之分，正向指标实际值越高，说明目标达成度越高，指标得分就越高，如销售收入增长率、净利润增长率等；负向指标实际值越低，说明目标达成度越高，指标得分就越高，如成本费用、客户投诉率、员工离职率等。

指标得分计算公式为：

正向绩效指标得分=（实际值÷目标值）×关键指标对于绩效评价的权重×100

负向绩效指标得分=（目标值÷实际值）×关键指标对于绩效评价的权重×100

b. 标准分。

标准分是假定企业100%完成了战略目标，即实际值等于目标值时的指标得分。在确定关键指标权重的基础上，根据上述公式可得：标准分＝1×关键指标对于绩效评价的权重×100。维度内各指标标准分之和称为维度标准分，4个维度标准分之和等于100。将指标实际分值与标准分比较，可以直观地反映战略目标的实现情况，为后续绩效评价提供依据。

c. 评价等级。

本教材案例在绩效评价时，根据指标实际汇总得分，对照绩效评价等级划分表（表1-2）得出相应的企业绩效评价等级。

表1-2 绩效评价等级划分表

得分（S）	S≥100	90≤S<100	80≤S<90	70≤S<80	60≤S<70	S<60
对应绩效等级	优+	优	良	中	合格	差
战略目标达成度	超期望实现	实现	基本实现	未实现，有差距	未实现，差距较大	未实现，差距非常大

（3）实施绩效评价。

绩效管理工作机构应根据计划的执行情况定期实施绩效评价，按照绩效计划，对被评价对象的绩效表现进行系统、全面、公正、客观的评价，确定实际值与目标值的差异，分析原因，并根据评价结果实施相应的激励。

（4）编制绩效评价报告。

绩效评价报告是绩效评价的载体，绩效管理工作机构应定期或根据需要编制绩效评价报告，对绩效评价的结果进行反映。

（二）绩效棱柱模型

1. 绩效棱柱模型的含义

绩效棱柱模型，是指从企业利益相关者角度出发，以利益相关者满意为出发点、利益相关者贡献为落脚点，以企业战略、业务流程、组织能力为手段，用棱柱的5个构面（表1-3）构建三维绩效评价体系，并据此进行绩效管理的方法。绩效棱柱模型图如图1-2所示。

表 1-3　棱柱的 5 个构面

棱柱的构面	需要说明的问题
利益相关者满意	企业的主要利益相关者是谁？他们的愿望和需求是什么？
企业战略	企业要制定何种战略来满足利益相关者的需求？
业务流程	企业需要什么样的流程才能有效地执行战略？
组织能力	企业需要培育哪些能力才能实施这样的流程？
利益相关者贡献	利益相关者能提供给企业什么？

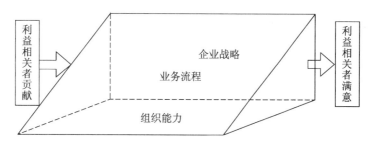

图 1-2　绩效棱柱模型图

利益相关者，是指有能力影响企业或者被企业所影响的人或组织，通常包括股东、债权人、员工、客户、供应商、监管机构等。

该方法适用于管理制度比较完善、业务流程比较规范、管理水平相对较高的大中型企业。其应用对象可为企业和企业各级所属单位（部门）。本教材中绩效棱柱模型案例的应用对象为企业。

2. 绩效棱柱模型的应用程序

企业应用绩效棱柱模型工具方法，在制订绩效计划时以绩效棱柱模型为核心，一般按照明确主要利益相关者、绘制利益相关者地图、优化战略和业务流程以及提升能力、制订以绩效棱柱模型为核心的绩效计划等程序进行。

本教材中绩效棱柱模型案例重点介绍主要利益相关者的确定、绩效棱柱 5 个维度的界定、绩效计划的编制、绩效评价的实施和绩效评价报告的编制，具体流程如下。

（1）确定主要利益相关者。

企业应结合自身的经营环境、行业特点、发展阶段、商业模式、业务特点等因素界定利益相关者范围，进一步运用态势分析法、德尔菲法等方法确定绩效棱柱模型的主要利益相关者。例如，股东、债权人、客户、供应商及员工等可作为企业主要利益相关者，他们与本公司共享利益、共担风险，与公司的生存和发展建立了不可分割的关系。

（2）界定绩效棱柱的5个维度。

绘制利益相关者地图后，企业应结合自身的经营环境、业务特点、发展阶段等因素，采用德尔菲法，围绕绩效棱柱的5个方面（利益相关者的愿望、公司战略、业务流程、组织能力、利益相关者的贡献）界定利益相关者的5个维度。

（3）以绩效棱柱模型为核心编制绩效计划。

绩效计划是企业开展绩效评价工作的行动方案，包括构建指标体系、分配指标权重、确定绩效目标值、选择计分方法和评价周期、签订绩效责任书等一系列管理活动。本教材案例主要介绍构建指标体系，分配指标权重，确定绩效目标值，确定计分方法、标准分和评价等级。

① 构建指标体系。

企业应围绕利益相关者地图，构建绩效棱柱模型指标体系。指标体系的构建应遵循系统性、相关性、可操作性、成本效益原则。各项指标应简单明了，易于理解和使用。根据棱柱的5个维度，绩效管理团队采用问卷调查法及李克特5级量表法，筛选和提炼出代表性强的绩效评价指标体系。

② 分配指标权重。

企业分配绩效棱柱模型指标权重，应以主要利益相关者价值为导向，反映所属各单位或部门、岗位对主要利益相关者价值贡献或支持的程度，以及各指标的重要性水平。本教材案例采用层次分析法（AHP）建立绩效层次结构模型，先计算出利益相关者的权重 W_1，然后计算出5个维度的

权重 W_2，再计算出各层级指标的权重 W_3，并通过各层级权重百分数相乘得到每个指标的权重系数 W_4，即 $W_4 = W_1 \times W_2 \times W_3$。各指标的权重系数之和为 100%。

③ 确定绩效目标值。

企业设定绩效棱柱模型的绩效目标值时，应根据利益相关者地图的因果关系，并根据往年绩效完成情况及实际经营状况，参考行业标准值，以利益相关者满意指标目标值为出发点，逐步分解得到企业战略、业务流程、组织能力的各项指标目标值，最终实现利益相关者贡献的目标值。各目标值应符合企业实际，具有可实现性和一定的挑战性，使被评价对象经过努力可以达到。

④ 确定计分方法、标准分和评价等级。

绩效评价的计分方法可分为定量法和定性法。定量法主要有功效系数法和综合指数法等；定性法主要有素质法和行为法等。本教材中绩效棱柱模型案例选用简化的定量计分方法，计分规则、标准分和评价等级的确定方法同平衡计分卡。

（4）实施绩效评价。

绩效管理工作机构应根据计划的执行情况定期实施绩效评价，按照绩效计划，对被评价对象的绩效表现进行系统、全面、公正、客观的评价，确定实际值与目标值的差异，分析原因，并根据评价结果实施相应的激励。

（5）编制绩效评价报告。

绩效评价报告是绩效评价的载体，绩效管理工作机构应定期或根据需要编制绩效评价报告，对绩效评价的结果进行反映。

三、绩效评价分析报告的格式和内容

《管理会计应用指引第 600 号——绩效管理》（以下简称《指引》）指出，绩效评价报告应根据评价结果编制，反映被评价对象的绩效计划完成情况，通常由报告正文和附件构成。

报告正文主要包括以下两部分。

（1）评价情况说明，包括评价对象、评价依据、评价过程、评价结果、需要说明的重大事项等。

（2）管理建议。

报告附件包括评价计分表、问卷调查结果分析、专家咨询意见等报告正文的支持性文档。

本教材根据《指引》，结合案例具体情况，将报告正文分为绩效评价分析过程、绩效评价分析结论和提高绩效管理的建议三部分。

（一）绩效评价分析过程

这部分内容主要是通过指标得分与标准分的对比，判断指标是否达成预期目标，进而分析原因，发现各指标存在的问题。

（二）绩效评价分析结论

这部分内容是在绩效评价分析过程的基础上，站在企业全局角度，得出企业绩效评价总分和评价等级，分析预期目标的整体完成情况。

（三）提高绩效管理的建议

这部分内容是根据绩效评价分析过程和结论，针对企业存在的问题，提出相应的改进措施和建议。

附录部分为绩效评价数据测算分析表。

第二部分

企业绩效评价分析报告示范

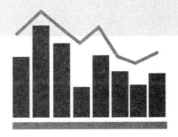

案例资料

一、企业概况

XY 汽车股份有限公司是一家汽车制造企业,主要经营汽车整车以及汽车零部件和配件的生产制造、开发与设计,并提供相关的技术咨询与服务,有独立的研发体系。公司采用平衡计分卡进行绩效管理。

(一)战略目标

XY 汽车股份有限公司采用了 SWOT 分析法(优劣势分析法),对本单位的优势、劣势、机会、威胁进行了分析,确定了本公司 2017—2019 年的三年战略目标:始终站在技术前沿,以用户为核心,以创新为引领,把握"电动化、智能化、网络化、共享化、轻量化"的发展方向,积极向科技型出行公司转型,开拓新能源汽车市场,进入国内车企的领军行列。

具体战略目标如下:

(1)提高企业获利能力,合理控制成本费用及财务风险。

(2)提高客户满意度及新产品市场占有率。

(3)建立强有力的研发团队,提高产品质量、企业自主研发能力和经营效率。

(4)提高员工岗位胜任能力和忠诚度,实现员工和企业的可持续发展。

(二)财务情况(注:本案例中涉及的所得税费用为纳税调整后的数据)

1. 资产负债表摘要(表 2-1)

表 2-1 资产负债表摘要

指标 (单位:万元)	2018 年 12 月 31 日	2017 年 12 月 31 日
资产总额	6 624 712.98	5 979 420.85
存货	335 789.87	166 629.91

续表

指标 （单位：万元）	2018年12月31日	2017年12月31日
负债总额	2 728 678.89	2 458 722.43
所有者权益总额	3 896 034.09	3 520 698.42

2. 利润表摘要（表2-2）

表2-2 利润表摘要

指标 （单位：万元）	2018年	2017年
营业收入	3 575 025.95	3 556 142.73
营业成本	2 911 335.79	—
税金及附加	128 077.32	—
销售费用	252 951.67	—
管理费用	202 709.26	—
财务费用	-6 841.06	—
利润总额	592 656.61	—
净利润	544 432.27	538 611.00

3. 现金流量表摘要（表2-3）

表2-3 现金流量表摘要

指标 （单位：万元）	2018年
经营活动现金流入	4 430 382.63
经营活动现金流出	4 367 176.81

（三）生产经营状况

2018年度，XY汽车股份有限公司全年汽车产量为125.69万辆。在装配过程检验、检测线动态检验及入库前验收三个阶段的整车产品检验中，检验员按照相关规定和程序进行项目检测,发现有 126 辆汽车不合格,需要进行返工复检。在新能源汽车方面,当年度公司研发总投入共计 183 000 万元,其中费用化研发投入 40 650 万元,资本化研发投入 142 350 万元,新增知识产权 1 123 项,其中 3 项应用于新能源汽车开发。

(四) 销售情况

2018 年度,XY 汽车股份有限公司全年汽车销量为 110.45 万辆,其中新能源汽车销量为 52.8 万辆,同比增长 48.79%,市场同类产品汽车销量为 2 807.71 万辆。公司拥有 150 万客户,累计客户投诉量达 8 752 起。当年度,XY 公司委托某质量协会用户评价中心从品牌认知、汽车质量、安全、性能、油耗、外观设计、技术创新、客户期望、客户信任、质量改进点等方面,通过现场问卷、电话协助等形式进行了客户调查。调查结果显示本公司汽车品牌认知度为 64.82%,属于行业一般水平;客户满意度指数为 93.16%,属于较高水平。

(五) 人力资源情况

XY 汽车股份有限公司员工共 32 428 人,其中公司董事、高级管理人员及对公司经营业绩发展有直接影响的其他管理人员、核心技术(业务)骨干共 1 102 名。2018 年度,公司共有 2 名核心员工因个人原因离职。全年采用讲座形式共完成培训 16.21 万人次,有个别员工对培训的重视程度不够,参培积极性不高,参培人员考试合格率达 99.86%。公司尚未建立完善的培训机制。年末,公司人事部组织员工从企业管理、工作内容、工作条件、工资待遇等方面对员工满意度进行测评,测评结果显示 2018 年度公司员工满意度为 94.56%,部分员工提出企业对自己的关心和认可度不够,缺乏归属感。

(六) 其他资料

中国汽车市场在经历了 20 多年的高增长后,开始进入微增长时代。2018 年是中国汽车市场转型升级的关键一年,该年车市出现 28 年来,即 1990 年以来的首次负增长。同时,受购置税优惠政策全面退出、经济增速回落、中美贸易摩擦频发、消费信心不足等政策及宏观经济因素影响，国内汽车行业短期内面临较大的压力。

二、构建指标体系

2017年，XY汽车股份有限公司成立绩效管理小组，通过分解战略目标、确定关键成功因素，与企业各部门管理层、客户、供应商及行业专家等进行沟通交流，采用问卷调查法及李克特5级量表法（5分表示非常重要，4分表示重要，3分表示一般，2分表示不重要，1分表示非常不重要），对各个具体指标按照1~5分的分值进行打分，根据每个指标被选择的次数及等级分数来确定其重要程度，从而选出了平衡计分卡财务、客户、内部业务流程、学习与成长4个维度的20个关键绩效指标，如表2-4所示。

表2-4 关键绩效指标表

维度	维度内涵	设置目标（关键成功因素）	关键绩效指标
财务维度	如何实现企业利润最大化	提高销售收入，扩大销售规模	销售收入增长率
		提高股东权益的收益水平和自有资本获得净收益的能力	净资产收益率
		提高企业获利能力	净利润增长率
		合理规划成本费用，提高经营耗费带来的获利能力	成本费用利润率
		提高收现能力，降低财务风险	净利润现金含量
客户维度	如何提高客户满意度，快速占领市场，从而提高企业竞争力	提高市场份额	市场占有率
		提高服务水平和产品质量	客户满意度
		减少客户投诉	客户投诉率
		抢占新产品市场	新能源汽车销量增长率
		提升客户对公司产品品牌的认识和理解度	品牌认知度

续表

维度	维度内涵	设置目标（关键成功因素）	关键绩效指标
内部业务流程维度	如何提高产品质量和企业运营效率，提升客户对产品和服务的满意度	提高存货流动性及存货运营效率	存货周转率
		提高企业全部资产经营质量和利用效率	总资产周转率
		提升产品质量	产品合格率
		增加研发投入	研发投入占主营业务收入比
		提高自主核心技术	知识产权数量
		提高科技成果转化水平	科技成果转化数量
学习与成长维度	如何让员工不断学习、进步，提高专业技能和岗位胜任能力，调动工作积极性，实现员工和企业的可持续发展	保证有效学习时间	全年培训人次
		提升培训质量	培训考试合格率
		提高员工满意度	员工满意度
		保持核心员工稳定性	核心员工离职率

三、设置指标权重

在确定关键指标的基础上，绩效管理小组根据财务、客户、内部业务流程、学习与成长4个维度和各维度具体指标在公司战略中所处的地位采用层次分析法（AHP）建立绩效层次模型和比较矩阵，计算4个维度对于绩效评价的权重、关键指标对于维度的权重，在此基础上确定各关键指标对于绩效评价的权重，如表2-5所示。

表 2-5 关键绩效指标权重表

维度（1）	维度对于绩效评价的权重（2）	关键指标（3）	关键指标对于维度的权重（4）	关键指标对于绩效评价的权重（5）=（2）×（4）
财务维度	35%	销售收入增长率	17%	5.95%
		净资产收益率	22%	7.70%
		净利润增长率	28%	9.80%
		成本费用利润率	15%	5.25%
		净利润现金含量	18%	6.30%
客户维度	25%	市场占有率	10%	2.50%
		客户满意度	40%	10.00%
		客户投诉率	30%	7.50%
		新能源汽车销量增长率	10%	2.50%
		品牌认知度	10%	2.50%
内部业务流程维度	28%	存货周转率	12%	3.36%
		总资产周转率	12%	3.36%
		产品合格率	25%	7.00%
		研发投入占主营业务收入比	15%	4.20%
		知识产权数量	10%	2.80%
		科技成果转化数量	26%	7.28%
学习与成长维度	12%	全年培训人次	10%	1.20%
		培训考试合格率	12%	1.44%
		员工满意度	33%	3.96%
		核心员工离职率	45%	5.40%

四、确定绩效指标目标值、标准分及评价等级

根据企业三年战略目标、当下汽车行业形势、2017 年绩效完成情况及实际经营状况，参考汽车制造业行业标准值，通过与企业各部门管理层

充分沟通，XY 汽车股份有限公司绩效管理小组确定了 2018 年各绩效指标目标值、标准分（表 2-6）及评价等级（表 1-2）。

表 2-6 关键绩效指标标准分计算表

维度 （1）	关键指标 （2）	关键指标 对于绩效 评价的权重 （3）	目标值 （4）	指标标准分/分 （5）=（3）×100	维度 标准分
财务维度	销售收入增长率	5.95%	12%	5.95	35
	净资产收益率	7.70%	10%	7.70	
	净利润增长率	9.80%	4%	9.80	
	成本费用利润率	5.25%	16%	5.25	
	净利润现金含量	6.30%	60%	6.30	
客户维度	市场占有率	2.50%	3%	2.50	25
	客户满意度	10.00%	90%	10.00	
	客户投诉率	7.50%	0.8%	7.50	
	新能源汽车销量增长率	2.50%	35%	2.50	
	品牌认知度	2.50%	75%	2.50	
内部业务流程维度	存货周转率	3.36%	15	3.36	28
	总资产周转率	3.36%	1	3.36	
	产品合格率	7.00%	100%	7.00	
	研发投入占主营业务收入比	4.20%	5%	4.20	
	知识产权数量	2.80%	1 000 项	2.80	
	科技成果转化数量	7.28%	4 项	7.28	
学习与成长维度	全年培训人次	1.20%	17.06 万	1.20	12
	培训考试合格率	1.44%	100%	1.44	
	员工满意度	3.96%	100%	3.96	
	核心员工离职率	5.40%	0.1%	5.40	
合计	—	100%	—	100	100

 **分析要求**

1. 依据绩效评价分析指引，阅读该企业的相关信息，运用平衡计分卡工具方法分析该企业财务维度、客户维度、内部业务流程维度、学习与成长维度方面的指标，并计算各关键指标得分。（计算指标实际值时保留2位小数，涉及百分数的百分号前保留2位小数；计算指标得分时，除产品合格率和培训考试合格率保留4位小数之外，其余均保留2位小数。）

2. 根据分析所得到的信息语言，填制下列绩效评价分析报告中的空白部分（填空和选择），形成完整的绩效评价分析报告。

 **分析报告**

XY 汽车股份有限公司2018年度绩效评价分析报告

分析报告人：<u>XY 公司绩效管理小组</u>

公司董事会及公司全体股东：

　　根据本公司2018年度的战略目标、生产经营、产品销售、人力资源及财务情况的相关数据和资料，绩效管理小组运用平衡计分卡工具方法，从财务、客户、内部业务流程、学习与成长4个维度对公司战略目标进行分解，确定战略目标达成的关键成功因素，根据各具体指标在公司战略中所处的地位，采用层次分析法建立绩效层次模型和比较矩阵，结合当下行业形势、2017年度的绩效完成情况及实际经营状况，参考行业标准确定各绩效关键指标的权重、目标值、标准分及评价等级。在对各关键绩效指标实际值和得分进行计算的基础上（见附录"XY 汽车股份有限公司2018年绩效评价数据测算分析表"），现就本公司2018年度的绩效情况以及相关管理建议报告如下：

一、公司绩效评价分析

（一）财务维度分析

2018年度，本公司销售收入增长率为 0.53%，比目标值☑低 □高 11.47 个百分点，指标得分为 0.26 分，☑低于 □高于标准分；净利润增长率为 1.08%，比目标值☑低 □高 2.92 个百分点，指标得分为 2.65 分，☑低于 □高于标准分。公司营业收入和净利润在☑增长 □下降，但与战略目标相比，☑未达成 □达成预期目标。

净资产收益率为 14.68%，比目标值□低 ☑高 4.68 个百分点，指标得分为 11.3 分，□低于 ☑高于标准分；成本费用利润率为 16.99%，比目标值□低 ☑高 0.99 个百分点，指标得分为 5.57 分，□低于 ☑高于标准分。公司股东权益的收益水平和自有资本获取净收益的能力、投入的经营耗费所带来的获利能力均□未达成 ☑达成预期目标。

净利润现金含量为 11.61%，比目标值☑低 □高 48.39 个百分点，指标得分为 1.22 分，☑低于 □高于标准分，公司的销售回款能力☑未达成 □达成预期目标。

根据上述指标，财务维度得分为 21 分，与标准分相比，☑相差 □高出 14 分，主要原因是 2018 年受政策及宏观经济变化影响，国内汽车行业市场销售出现超预期负增长，□本公司自主品牌车型产品受经济影响较大 ☑本公司自主品牌车型产品仍保持相对稳定的增长，但☑销售增长缓慢，销售回款能力未实现预期 □销售增长较快，销售回款能力实现预期，导致☑销售收入增长率、□净资产收益率、☑净利润增长率、□成本费用利润率、☑净利润现金含量未达成目标。

（二）客户维度分析

2018年度，本公司总体市场占有率为 3.93%，比目标值□低 ☑高 0.93 个百分点，指标得分为 3.28 分，□低于 ☑高于标准分。公司的总体市场份额和产品竞争力□未达成 ☑达成预期目标。

客户满意度为 93.16%，比目标值□低 ☑高 3.16 个百分点，指标得分为 10.35 分，☐低于 ☑高于标准分；客户投诉率为 0.58%，比目标值 ☑低 ☐高 0.22 个百分点，指标得分为 10.34 分，☐低于 ☑高于标准分。公司客户的真实体验和客户期望值之间的匹配程度、对企业管理和服务表达不满的客户占比均☐未达成 ☑达成预期目标。

新能源汽车销量增长率为 48.79%，比目标值☐低 ☑高 13.79 个百分点，指标得分为 3.49 分，☐低于 ☑高于标准分。企业新能源汽车发展步伐在☑加快 ☐减慢，☐未达成 ☑达成预期目标。

品牌认知度为 64.82%，比目标值☑低 ☐高 10.18 个百分点，指标得分为 2.16 分，☑低于 ☐高于标准分，客户对公司品牌的认知度☑未达成 ☐达成预期目标。

根据上述指标，客户维度得分为 29.62 分，与标准分相比，☐相差 ☑高出 4.62 分，主要原因是 ☑客户投诉率得到了有效的控制，新能源汽车销量快速增长，企业在市场上的竞争力较强，客户对企业产品和服务质量满意度较高 ☐客户投诉率未能得到有效控制，新能源汽车销量增长缓慢，企业在市场上的竞争力较弱，客户对企业产品和服务质量满意度较低。

（三）内部业务流程维度分析

2018 年度，本公司存货周转率为 11.59，比目标值☑低 ☐高 3.41，指标得分为 2.6 分，☑低于 ☐高于标准分，☑未达成 ☐达成预期目标。总资产周转率为 0.57，比目标值☑低 ☐高 0.43，指标得分为 1.92 分，☑低于 ☐高于标准分，☑未达成 ☐达成预期目标。

产品合格率为 99.99%，比目标值☑低 ☐高 0.01 个百分点，指标得分为 6.999 3 分，☑低于 ☐高于标准分。产品质量发展水平☑未达成 ☐达成预期目标。

研发投入占主营业务收入比为 5.12%，比目标值☐低 ☑高 0.12 个百分点，指标得分为 4.3 分，☐低于 ☑高于标准分。知识产权数量为 1 123 项，比目标值☐少 ☑多 123 项，指标得分为 3.14 分，☐低于 ☑高于标准分。科技成果转化数量为 3 项，比目标值☑少 □多 1 项，指标得分为 5.46 分，☑低于 □高于标准分。可见，企业的研发投入、知识产权规模、自主研发能力和创新能力□未达成 ☑达成预期目标，但科技成果转化能力□强 □较强 ☑一般 □较弱 □弱 □无，研发效率有待提高。

根据上述指标，内部业务流程维度得分为 24.42 分，比标准分☑低 □高 3.58 分，主要原因是 2018 年受政策及宏观经济变化影响，☑本公司销售增长缓慢，同时资产的运营效率及研发效率未达到预期，产品质量略差于预期 □本公司销售增长缓慢，同时知识产权规模及研发投入未达到预期，产品质量略差于预期，导致☑存货周转率、☑总资产周转率、☑产品合格率、□研发投入占主营业务收入比、□知识产权数量、☑科技成果转化数量未达成目标。

（四）学习与成长维度分析

2018 年度，本公司全年培训人次为 16.21 万，比目标值☑少 □多 0.85 万，指标得分为 1.14 分，☑低于 □高于标准分。培训考试合格率为 99.86%，比目标值☑低 □高 0.14 个百分点，指标得分为 1.438 0 分，☑低于 □高于标准分。本年度员工培训人数和培训效果均☑未达成 □达成预期目标。

员工满意度为 94.56%，比目标值☑低 □高 5.44 个百分点，指标得分为 3.74 分，☑低于 □高于标准分。核心员工离职率为 0.18%，比目标值□低 ☑高 0.08 个百分点，指标得分为 3 分，☑低于 □高于标准分。员工对企业的满意程度和核心员工的稳定性均☑未达成 □达成预期目标。

根据上述指标，学习与成长维度得分为 9.32 分，比标准分☑低 □高 2.68 分，主要原因是☑员工个人对自己的学习成长重视程度仍不够，☑员工培训积极性不够高，☑企业培训机制不健全、不完善，☑培训过程形式化、简单化，☑企业对员工的关心程度和认可度不够，☑员工缺乏归属感，导致☑全年培训人次、☑培训考试合格率、☑员工满意度、☑核心员工离职率未达成目标。

二、分析结论

综上所述，XY 汽车股份有限公司 2018 年的绩效评价得分为 84.36 分，绩效评价等级为<u>良</u>，其中，财务维度得分为 <u>21</u> 分，客户维度得分为 <u>29.62</u> 分，内部业务流程维度得分为 <u>24.42</u> 分，学习与成长维度得分为 <u>9.32</u> 分，与维度标准总分相差 <u>15.64</u> 分。

在 4 个维度中，财务维度权重为 <u>35%</u>，对总分影响最大，实际得分与目标值相差 <u>14</u> 分，主要是受宏观经济变化影响，2018 年公司☑营业收入、□营业成本、☑净利润、☑销售回款能力均未达成预期目标，导致财务指标完成情况不佳。

客户维度权重为 <u>25%</u>，实际得分超出目标值 <u>4.62</u> 分。从具体指标来看，2018 年公司☑总体市场份额、☑新产品用户增长、☑产品竞争力均达成预期目标，客户满意度☑较高 □较低，客户投诉率□较高 ☑较低，客户对公司品牌的认知度有待提高。

内部业务流程维度权重为 <u>28%</u>，实际得分与目标值相差 <u>3.58</u> 分。从具体指标来看，企业自主研发能力□未达成 ☑达成预期目标，但□获利能力 ☑营运能力，即☑资产的利用效率、☑管理水平、☑产品质量、☑研发效率有待提高。

学习与成长维度权重为 <u>12%</u>，实际得分与目标值相差 <u>2.68</u> 分。从具体指标来看，☑企业对员工的培训效果、☑员工满意度、☑核心员工的稳定性有待改善和提高。

三、改善企业绩效管理的建议

☑ 1. 提升企业产品的市场竞争力，以适应消费者的需求变化，推动产品由高速增长向高质量发展转变，提高企业盈利能力。

☑ 2. 进一步完善降低企业系统性风险的策略。

☑ 3. 在巩固现有成果的基础上持续改进与不断创新，从而大幅度提升公司的综合质量竞争能力，建立顾客满意管理机制，关注用户体验感知。

☑ 4. 加大品牌营销力度，提高企业品牌认知度，保持客户忠诚度和广泛认可的品牌美誉度。

☑ 5. 继续强化企业自主研发能力，全面提升研发效率，提高企业创新能力和核心竞争力。

☑ 6. 合理利用企业各项资产，提升企业营运能力和内部管理水平。

☑ 7. 加大员工培训力度，建立规范化培训机制，提高企业培训效益。

☑ 8. 关心员工成长，帮助员工提高知识和技能水平、改善工作方法、端正工作态度等，建立员工的归属感，实现企业和个人的可持续发展，降低核心员工离职率。

☑ 9. 增强企业员工凝聚力，提高员工的满意度和忠诚度，制定有效的激励机制，提高企业内部工作效率。

10. 其他建议（学生自由答题）：

以上绩效评价分析报告及所附的"XY汽车股份有限公司2018年绩效评价数据测算分析表"仅作为公司绩效管理决策的参考依据，需要与其他管理会计分析报告和公司的实际具体情况结合使用。

2019年1月31日

附录：

XY 汽车股份有限公司 2018 年绩效评价数据测算分析表

维度(1)	关键指标(2)	关键指标对于绩效评价的权重(3)	目标值(4)	实际值计算过程(5)	实际值(6)	指标得分 正向指标： (7)=(6)÷(4)×(3)×100 负向指标： (7)=(4)÷(6)×(3)×100	维度得分(8)
财务维度	销售收入增长率	5.95%	12%	(3 575 025.95－3 556 142.73)÷3 556 142.73×100%＝0.53%	0.53%	0.26	21
	净资产收益率	7.70%	10%	544 432.27÷[(3 896 034.09＋3 520 698.42)÷2]×100%＝14.68%	14.68%	11.3	
	净利润增长率	9.80%	4%	(544 432.27－538 611)÷538 611×100%＝1.08%	1.08%	2.65	
	成本费用利润率	5.25%	16%	592 656.6÷(2 911 335.79＋128 077.32＋252 951.67＋202 709.26－6 841.06)＝16.99%	16.99%	5.57	
	净利润现金含量	6.30%	60%	(4 430 382.63－4 367 176.81)÷544 432.27＝11.61%	11.61%	1.22	
客户维度	市场占有率	2.50%	3%	110.45÷2 807.71×100%＝3.93%	3.93%	3.28	
	客户满意度	10.00%	90%	—	93.16%	10.35	
	客户投诉率	7.50%	0.8%	8 752÷1 500 000×100%＝0.58%	0.58%	10.34	

续表

维度(1)	关键指标(2)	关键指标对于绩效评价的权重(3)	目标值(4)	实际值计算过程(5)	实际值(6)	指标得分 正向指标：(7)=(6)÷(4)×(3)×100 负向指标：(7)=(4)÷(6)×(3)×100	维度得分(8)
客户维度	新能源汽车销量增长率	2.50%	35%	—	48.79%	3.49	29.62
	品牌认知度	2.50%	75%	—	64.82%	2.16	
内部业务流程维度	存货周转率	3.36%	15	2 911 335.79÷[(335 789.87+166 629.91)÷2]=11.59	11.59	2.60	24.42
	总资产周转率	3.36%	1	3 575 025.95÷[(6 624 712.98+5 979 420.85)÷2]=0.57	0.57	1.92	
	产品合格率	7.00%	100%	(1 256 900−126)÷1 256 900×100%=99.99%	99.99%	6.999 3	
	研发投入占主营业务收入比	4.20%	5%	183 000÷3 575 025.95×100%=5.12%	5.12%	4.30	
	知识产权数量	2.80%	1 000 项	—	1 123 项	3.14	
	科技成果转化数量	7.28%	4 项	—	3 项	5.46	

续表

维度(1)	关键指标(2)	关键指标对于绩效评价的权重(3)	目标值(4)	实际值计算过程(5)	实际值(6)	指标得分 正向指标： (7)=(6)÷(4)×(3)×100 负向指标： (7)=(4)÷(6)×(3)×100	维度得分(8)
学习与成长维度	全年培训人次	1.20%	17.06万	—	16.21万	1.14	9.32
	培训考试合格率	1.44%	100%	—	99.86%	1.4380	
	员工满意度	3.96%	100%	—	94.56%	3.74	
	核心员工离职率	5.40%	0.1%	2÷1 102×100%=0.18%	0.18%	3.00	
合计	—	100%		—	—	84.36	84.36

第三部分

企业绩效评价分析报告能力训练

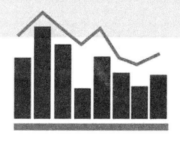

训练案例 1
JK 服装股份有限公司绩效评价分析报告

案例资料

一、企业概况

JK 服装股份有限公司是一家服装制造企业,主要经营服装和服饰产品的设计、制造及销售,产品定位为男士休闲服装。公司采用平衡计分卡进行绩效管理。

(一)战略目标

JK 服装股份有限公司从品牌、产品、渠道三方面制定了 2019 年度的公司发展战略:明确市场定位,着力培育新品牌,提升产品生产效率和研发设计能力,推动产品销售渠道的调整和优化,加快线上、线下融合发展,打造满足消费者需求的高质量产品,促进品牌持续发展。

(二)财务情况(注:本案例中涉及的所得税费用为纳税调整后的数据)

1. 资产负债表摘要(表 3-1-1)

表 3-1-1 资产负债表摘要

指标 (单位:万元)	2019 年 12 月 31 日	2018 年 12 月 31 日
资产总额	460 969.99	429 012.95
负债总额	158 695.98	139 440.84
所有者权益总额	302 274.01	289 572.11

2. 利润表摘要（表 3-1-2）

表 3-1-2　利润表摘要

指标 （单位：万元）	2019 年	2018 年
营业收入 （均为客户交易额）	180 559.85	175 251.62
营业成本	95 606.38	—
税金及附加	822.49	—
销售费用	37 868.45	—
管理费用	13 382.62	—
财务费用	-2 529.60	—
利润总额	20 959.58	—
净利润	16 765.2	16 714.33

3. 现金流量表摘要（表 3-1-3）

表 3-1-3　现金流量表摘要

指标 （单位：万元）	2019 年
经营活动现金流入	199 373.90
经营活动现金流出	182 995.98

（三）生产经营状况

2019 年度，JK 服装股份有限公司全年服装产量为 2 083.98 万件。质检员按照产品质量标准进行产品检验，发现有 580 件产品不合格，需要进行返工复检。在服装、服饰产品及服装原辅材料的研发设计方面，当年度公司总投入共计 2 759.78 万元，有 2 项知识产权应用于新产品设计。

（四）销售情况

2019 年度，JK 服装股份有限公司全年服装销量为 2 192.91 万件，市场同类服装总销量约为 894 969.38 万件。公司服装销量和市场份额均高于上年同期。当年度，公司委托第三方通过现场问卷、电话协助等方式进行了客户调查,结果显示本公司服装品牌认知度为 75.3%,客户满意度指数为 86.5%,主要是售后服务方面的得分略低。

(五)人力资源情况

JK 服装股份有限公司员工共 1 290 人,其中公司董事、高级管理人员及对公司经营业绩发展有直接影响的其他管理人员、核心技术(业务)骨干共 165 名。2019 年度,公司共有 4 名核心员工因个人原因离职。公司注重员工个人成长,通过线上、线下相结合的多元培训手段,全年共培训 0.5 万人次,参培人员学习积极性高,考试合格率达 100%。年末,公司人事部组织员工从企业管理、工作内容、工作条件、工资待遇等方面对员工满意度进行测评,测评结果显示 2019 年度公司员工满意度为 90%,主要问题在于部分员工认为公司对自己的关心程度和认可度不够,缺乏归属感。

(六)其他资料

近年来,纺织服装行业的人工成本不断上升。2019 年,受到环保政策和国际环境的影响,印染市场受到冲击,染料成本大幅上涨,纺织原料供不应求,棉花、羊毛等原材料价格上涨,纺织服装行业价格优势削弱。在此环境下,公司仍将"打造满足消费者需求的高质量产品"这一战略目标放在第一位,通过调整和优化销售渠道,加快线上、线下融合发展等,采取了"薄利多销"的销售策略。

二、构建指标体系

2018 年,JK 服装股份有限公司成立绩效管理小组,通过分解战略目标、确定关键成功因素,与企业各部门管理层、客户、供应商及行业专家等进行沟通交流,采用问卷调查法及李克特 5 级量表法,对各个具体指标进行打分,根据每个指标被选择的次数及等级分数来确定其重要程度,从而选出了平衡计分卡财务、客户、内部业务流程、学习与成长 4 个维度的 16 个关键绩效指标,如表 3-1-4 所示。

表 3-1-4　关键绩效指标表

维度	设置目标（关键成功因素）	关键绩效指标
财务维度	提高股东权益的收益水平和自有资本获得净收益的能力	净资产收益率
	提高企业获利能力	净利润增长率
	合理规划成本费用，提高经营耗费带来的获利能力	成本费用利润率
	提高收现能力，控制财务风险	净利润现金含量
客户维度	提高市场份额	市场占有率
	提高服务水平和产品质量	客户满意度
	增加客户交易额	客户获得率
	提升客户对公司产品品牌的认识和理解度	品牌认知度
内部业务流程维度	提高企业全部资产经营质量和利用效率	总资产周转率
	提升产品质量	产品合格率
	增加研发投入	研发投入占主营业务收入比
	提高科技成果转化水平	科技成果转化数量
学习与成长维度	保证有效学习时间	全年培训人次
	提升培训质量	培训考试合格率
	提高员工满意度	员工满意度
	保持核心员工稳定性	核心员工离职率

三、设置指标权重

在确定关键指标的基础上，绩效管理小组根据财务、客户、内部业务流程、学习与成长 4 个维度和各维度具体指标在公司战略中所处的地位采用层次分析法建立绩效层次模型和比较矩阵，计算 4 个维度对于绩效评价的权重、关键指标对于维度的权重，在此基础上确定各关键指标对于绩效评价的权重，如表 3-1-5 所示。

表 3-1-5 关键绩效指标权重表

维度 (1)	维度对于绩效评价的权重 (2)	关键指标 (3)	关键指标对于维度的权重 (4)	关键指标对于绩效评价的权重 (5)=(2)×(4)
财务维度	30%	净资产收益率	30%	9.00%
		净利润增长率	25%	7.50%
		成本费用利润率	25%	7.50%
		净利润现金含量	20%	6.00%
客户维度	25%	市场占有率	25%	6.25%
		客户满意度	30%	7.50%
		客户获得率	20%	5.00%
		品牌认知度	25%	6.25%
内部业务流程维度	25%	总资产周转率	28%	7.00%
		产品合格率	32%	8.00%
		研发投入占主营业务收入比	15%	3.75%
		科技成果转化数量	25%	6.25%
学习与成长维度	20%	全年培训人次	10%	2.00%
		培训考试合格率	15%	3.00%
		员工满意度	35%	7.00%
		核心员工离职率	40%	8.00%

四、确定绩效指标目标值、标准分及评价等级

根据企业战略目标、行业形势、2018年绩效完成情况及实际经营状况，参考服装行业标准值，通过与企业各部门管理层充分沟通，JK服装股份有限公司绩效管理小组确定了2019年各绩效指标目标值、标准分（表3-1-6）及评价等级（表1-2）。

表 3-1-6 关键绩效指标标准分计算表

维度(1)	关键指标(2)	关键指标对于绩效评价的权重(3)	目标值(4)	指标标准分/分(5) = (3)×100	维度标准分
财务维度	净资产收益率	9.00%	5%	9.00	30
	净利润增长率	7.50%	1%	7.50	
	成本费用利润率	7.50%	18%	7.50	
	净利润现金含量	6.00%	95%	6.00	
客户维度	市场占有率	6.25%	0.2%	6.25	25
	客户满意度	7.50%	90%	7.50	
	客户获得率	5.00%	2.8%	5.00	
	品牌认知度	6.25%	80%	6.25	
内部业务流程维度	总资产周转率	7.00%	0.4	7.00	25
	产品合格率	8.00%	100%	8.00	
	研发投入占主营业务收入比	3.75%	1.5%	3.75	
	科技成果转化数量	6.25%	2 项	6.25	
学习与成长维度	全年培训人次	2.00%	0.45 万	2.00	20
	培训考试合格率	3.00%	100%	3.00	
	员工满意度	7.00%	98%	7.00	
	核心员工离职率	8.00%	1.5%	8.00	
合计	—	100%	—	100	100

分析要求

1. 依据绩效评价分析指引,阅读该企业的相关信息,运用平衡计分卡工具方法分析该企业财务维度、客户维度、内部业务流程维度、学习与成长维度方面的指标,并计算各关键指标得分。(计算指标实际值和得分时保留 2 位小数,涉及百分数的百分号前保留 2 位小数。)

2. 根据分析所得到的信息语言,填制下列绩效评价分析报告中的空白部分(填空和选择),形成完整的绩效评价分析报告。

JK 服装股份有限公司 2019 年度绩效评价分析报告

分析报告人：<u>JK 公司绩效管理小组</u>

公司董事会及公司全体股东：

根据本公司 2019 年度的战略目标、生产经营、产品销售、人力资源及财务情况的相关数据和资料，绩效管理小组运用平衡计分卡工具方法，从财务、客户、内部业务流程、学习与成长 4 个维度对公司战略目标进行分解，确定战略目标达成的关键成功因素，根据各具体指标在公司战略中所处的地位，采用层次分析法建立绩效层次模型和比较矩阵，结合当下行业形势、2018 年度的绩效完成情况及实际经营状况，参考行业标准确定各绩效关键指标的权重、目标值、标准分及评价等级。在对各关键绩效指标实际值和得分进行计算的基础上（见附录"JK 服装股份有限公司 2019 年绩效评价数据测算分析表"），现就本公司 2019 年度的绩效情况以及相关管理建议报告如下：

一、公司绩效评价分析

（一）财务维度分析

2019 年度，本公司净资产收益率为____，比目标值□低 □高____个百分点，指标得分为____分，□低于 □高于标准分；净利润增长率为____，比目标值□低 □高____个百分点，指标得分为____分，□低于 □高于标准分；成本费用利润率为____，比目标值□低 □高____个百分点，指标得分为____分，□低于 □高于标准分；净利润现金含量为____，比目标值□低 □高____个百分点，指标得分为____分，□低于 □高于标准分。

（二）客户维度分析

2019年度，本公司市场占有率为____，比目标值☐低 ☐高____个百分点，指标得分为____分，☐低于 ☐高于标准分；客户满意度为____，比目标值☐低 ☐高____个百分点，指标得分为____分，☐低于 ☐高于标准分；销售额增长率为____，比目标值☐低 ☐高____个百分点，指标得分为____分，☐低于 ☐高于标准分；品牌认知度为____，比目标值☐低 ☐高____个百分点，指标得分为____分，☐低于 ☐高于标准分。

（三）内部业务流程维度分析

2019年度，本公司总资产周转率为____，比目标值☐低 ☐高____，指标得分为____分，☐低于 ☐高于标准分；产品合格率为____，指标得分为____分，☐等于 ☐低于 ☐高于标准分；研发投入占主营业务收入比为____，比目标值☐低 ☐高____个百分点，指标得分为____分，☐低于 ☐高于标准分；科技成果转化数量为2项，指标得分为____分，☐等于 ☐低于 ☐高于标准分。

（四）学习与成长维度分析

2019年度，本公司全年培训人次为____，比目标值☐少 ☐多____，指标得分为____分，☐低于 ☐高于标准分；培训考试合格率为____，指标得分为____分，☐等于 ☐低于 ☐高于标准分；员工满意度为____，比目标值☐低 ☐高____个百分点，指标得分为____分，☐低于 ☐高于标准分；核心员工离职率为____，比目标值☐低 ☐高____个百分点，指标得分____分，☐低于 ☐高于标准分。

二、分析结论

综上所述，JK服装股份有限公司2019年的绩效评价得分为____分，绩效评价等级为____，其中，财务维度得分为____分，客户维度得分为____分，内部业务流程维度得分为____分，学习与成长维度得分为____分，☐超出 ☐低于维度标准总分____分。

（一）财务维度

财务维度权重为＿＿＿，对总分影响最大，实际得分与目标值相差＿＿＿分。与战略目标相比，净资产收益率和净利润现金含量□未达成 □达成预期目标；公司的净利润在□增长 □下降，但增长率□未达成 □达成预期目标。主要原因是2019年受环保政策和国际环境等方面的影响，□材料成本、□人工成本、□染料成本上涨，导致成本费用□增长 □下降，净利润增长□变缓 □变快，公司投入的经营耗费所带来的获利能力□未达成 □达成预期目标，□净资产收益率、□净利润增长率、□成本费用利润率、□净利润现金含量还有待提高。

（二）客户维度

客户维度权重为＿＿＿，比标准分□低 □高＿＿＿分，主要原因是□服饰销量增长，公司在市场上的竞争力有所增强，但客户对公司的认知和对产品、服务质量的满意程度未达到预期 □服饰销量减少，公司在市场上的竞争力有所降低，客户对公司的认知和对产品、服务质量的满意程度未达到预期。

与战略目标相比，公司总体市场份额在□提高 □降低，产品竞争力在□增强 □减弱，销售额在□增长 □下降，市场占有率和销售额增长率均□未达成 □达成预期目标；由于售后服务方面的得分略低，公司客户的真实体验和客户期望值之间的匹配程度□未达成 □达成预期目标；而客户对公司品牌的认知度也□未达成 □达成预期目标，□市场占有率、□客户满意度、□销售额增长率、□品牌认知度有待提高。

（三）内部业务流程维度

内部业务流程维度权重为＿＿＿，比标准分□低 □高＿＿＿分，企业内部流程管理□实现 □未实现预期目标。

与战略目标相比，企业全部资产的经营质量和利用效率□未达成 □达成预期目标；产品质量发展水平□未达成 □达成预期目标；企业研发投入和自主研发能力□未达成 □达成预期目标，但科技成果转化能力

☐强 ☐较强 ☐一般 ☐较弱 ☐弱 ☐无，研发效率有待提高。

（四）学习与成长维度

学习与成长维度权重为_____，比标准分☐低 ☐高_____分，主要原因是☐员工培训积极性不高，☐培训过程形式化、简单化，☐企业对员工的关心程度和认可度不够，☐员工缺乏归属感。

与战略目标相比，本年度员工培训人数和培训效果☐未达成 ☐达成预期目标；员工对企业的满意程度和核心员工的稳定性☐未达成 ☐达成预期目标。

三、改善企业绩效管理的建议

☐ 1. 提升企业产品的市场竞争力，以适应消费者的需求变化，拓展和保持核心业务，创造前瞻性业务，升级和优化销售渠道，提高企业盈利能力。

☐ 2. 进行技术改造，加快转型升级，提高自动化程度和劳动效率，加强成本管理，合理控制成本费用。

☐ 3. 在巩固现有成果的基础上持续改进与不断创新，从而大幅度提升公司的综合质量竞争能力，建立顾客满意管理机制，关注用户体验感知。

☐ 4. 加大品牌营销力度，夯实老品牌，培育新品牌，寻找潜力品牌，提高企业品牌认知度。

☐ 5. 继续强化企业自主研发能力，全面提升研发效率，提高企业创新能力和核心竞争力。

☐ 6. 关心员工成长，帮助员工提高知识和技能水平、改善工作方法、端正工作态度等，建立员工的归属感，实现企业和个人的可持续发展，降低核心员工离职率。

☐ 7. 增强企业员工凝聚力，提高员工的满意度和忠诚度，制定有效的激励机制，提高企业内部工作效率。

8. 其他建议（学生自由答题）：

以上绩效评价分析报告及所附的"JK 服装股份有限公司 2019 年绩效评价数据测算分析表"仅作为公司绩效管理决策的参考依据，需要与其他管理会计分析报告和公司的实际具体情况结合使用。

2020 年 1 月 31 日

附录:

JK 服装股份有限公司 2019 年绩效评价数据测算分析表

维度 (1)	关键指标 (2)	关键指标对于绩效评价的权重 (3)	目标值 (4)	实际值计算过程 (5)	实际值 (6)	指标得分 正向指标： (7)=(6)÷(4)×(3)×100 负向指标： (7)=(4)÷(6)×(3)×100	维度得分 (8)
财务维度	净资产收益率	9.00%	5%				
	净利润增长率	7.50%	1%				
	成本费用利润率	7.50%	18%				
	净利润现金含量	6.00%	95%				
客户维度	市场占有率	6.25%	0.2%				
	客户满意度	7.50%	90%	—			
	客户获得率	5.00%	2.8%				
	品牌认知度	6.25%	80%	—			
内部业务流程维度	总资产周转率	7.00%	0.4				
	产品合格率	8.00%	100%				

续表

维度(1)	关键指标(2)	关键指标对于绩效评价的权重(3)	目标值(4)	实际值计算过程(5)	实际值(6)	指标得分 正向指标： (7)=(4)÷(6)×(3)×100 负向指标： (7)=(4)÷(6)×(3)×100	维度得分(8)
内部业务流程维度	研发投入占主营业务收入比	3.75%	1.5%				
	科技成果转化数量	6.25%	2项				
学习与成长维度	全年培训人次	2.00%	0.45万	—			
	培训考试合格率	3.00%	100%	—			
	员工满意度	7.00%	98%	—			
	核心员工离职率	8.00%	1.5%	—			
合计	—	100%	—		—		

训练案例 2
OP 快递股份有限公司绩效评价分析报告

案例资料

一、企业概况

OP 快递股份有限公司是一家快递服务企业,主要提供国内快递、普通货运等服务。公司采用平衡计分卡进行绩效管理。

(一)战略目标

OP 快递股份有限公司从品牌规划、业务规模、服务品质、经营业绩等方面制定了 2019 年度的战略目标:扩大公司快递品牌的知名度;组建多元化的业务板块,拓展产业链;创新产品服务,完善快递服务网络,提高服务质量和效益;实现业务量和市场份额同步增长,打造一流的物流生态系统。

(二)财务资料(注:本案例中涉及的所得税费用为纳税调整后的数据)

1. 资产负债表摘要(表 3-2-1)

表 3-2-1 资产负债表摘要

指标 (单位:万元)	2019 年 12 月 31 日	2018 年 12 月 31 日
资产总额	692 261.10	592 786.21
负债总额	232 210.30	165 009.81
所有者权益总额	460 050.80	427 776.40

2. 利润表摘要（表 3-2-2）

表 3-2-2 利润表摘要

指标 （单位：万元）	2019 年	2018 年
营业收入 （均为客户交易额）	1 153 947.06	850 150.17
营业成本	1 032 929.38	—
税金及附加	1 544.87	—
销售费用	6 776.39	—
管理费用	27 000.94	—
财务费用	-3 953.68	—
利润总额	91 192.79	—
净利润	69 915.34	101 959.50

3. 现金流量表摘要（表 3-2-3）

表 3-2-3 现金流量表摘要

指标 （单位：万元）	2019 年
经营活动现金流入	1 328 210.01
经营活动现金流出	1 229 427.34

（二）客户资料

2019 年度，OP 快递股份有限公司累计完成业务量约 36.86 亿件，全国快递服务企业业务量累计完成 635.2 亿件。国家邮政局公布的公司服务公众满意度得分为 75 分，客户在快递延误、快递损毁和投递服务方面提出了申诉，申诉率为 2.6%，确定为公司责任的有效申诉率为 1.35%。

（三）内部运营资料

2019 年国家邮政局公布的公司坏单率为 5%，快递配送 72 小时准时率为 76.5%，派送员被投诉率为 2.35%。客户对公司有效申诉处理的满意率为 96.8%。

注：派送员被投诉率＝快递员被投诉的件数÷快递总件数

（四）员工资料

OP快递股份有限公司员工共5 020人，其中公司董事、高级管理人员及对公司经营业绩发展有直接影响的其他管理人员、核心技术（业务）骨干共120名。2019年度，公司共有2名核心员工因个人原因离职。公司通过新员工入职培训、安全培训、业务员技能培训、客服技能培训等构建了完善的培训体系，全年共培训3.2万人次，员工对公司开展的培训满意度高，个别员工未通过业务技能项目考核，考试合格率达99%。年末，公司人事部组织员工从企业管理、工作内容、工作条件、工资待遇等方面对员工满意度进行测评，测评结果显示2019年度公司员工满意度为96.8%，个别员工在公司薪酬、工作条件方面打分略低。

二、构建指标体系

2018年，OP快递股份有限公司成立绩效管理小组，通过分解战略目标、确定关键成功因素，与企业各部门管理层、客户、供应商及行业专家等进行沟通交流，采用问卷调查法及李克特5级量表法，对各个具体指标进行打分，根据每个指标被选择的次数及等级分数来确定其重要程度，从而选出了平衡计分卡财务、客户、内部业务流程、学习与成长4个维度的16个关键绩效指标，如表3-2-4所示。

表3-2-4　关键绩效指标表

维度	设置目标（关键成功因素）	关键绩效指标
财务维度	提高股东权益的收益水平和自有资本获得净收益的能力	净资产收益率
	提高企业盈利水平	毛利率
	合理规划成本费用，提高经营耗费带来的获利能力	成本费用利润率
	提高收现能力，控制财务风险	净利润现金含量

续表

维度	设置目标（关键成功因素）	关键绩效指标
客户维度	提高市场份额	市场占有率
	增加客户交易额	客户获得率
	提高快递服务水平	快递服务公众满意度
	降低客户申诉率	客户有效申诉率
内部业务流程维度	提高客户对公司处理有效申诉的满意度	有效申诉处理满意率
	提高快递配送服务的速度	准时率
	降低快递毁损数量，保障快递安全	坏单率
	提高快递派送员的服务质量	派送员被投诉率
学习与成长维度	保证有效学习时间	全年培训人次
	提升培训质量	培训考试合格率
	提高员工满意度	员工满意率
	保持核心员工稳定性	核心员工离职率

三、设置指标权重

在确定关键指标的基础上，绩效管理小组根据财务、客户、内部业务流程、学习与成长4个维度和各维度具体指标在公司战略中所处的地位采用层次分析法建立绩效层次模型和比较矩阵，计算4个维度对于绩效评价的权重、关键指标对于维度的权重，在此基础上确定各关键指标对于绩效评价的权重，如表3-2-5所示。

表3-2-5 关键绩效指标权重表

维度（1）	维度对于绩效评价的权重（2）	关键指标（3）	关键指标对于维度的权重（4）	关键指标对于绩效评价的权重（5）=（2）×（4）
财务维度	35%	净资产收益率	35%	12.25%
		毛利率	25%	8.75%
		成本费用利润率	20%	7.00%
		净利润现金含量	20%	7.00%

续表

维度 （1）	维度对于绩效评价的权重（2）	关键指标（3）	关键指标对于维度的权重（4）	关键指标对于绩效评价的权重（5）=（2）×（4）
客户维度	30%	市场占有率	30%	9.00%
		客户获得率	25%	7.50%
		快递服务公众满意度	25%	7.50%
		客户有效申诉率	20%	6.00%
内部业务流程维度	25%	有效申诉处理满意率	25%	6.25%
		准时率	35%	8.75%
		坏单率	15%	3.75%
		派送员被投诉率	25%	6.25%
学习与成长维度	10%	全年培训人次	20%	2.00%
		培训考试合格率	15%	1.50%
		员工满意度	35%	3.50%
		核心员工离职率	30%	3.00%

四、确定绩效指标目标值、标准分及评价等级

根据企业战略目标、行业形势、2018年绩效完成情况及实际经营状况，参考快递行业标准值，通过与企业各部门管理层充分沟通，OP快递股份有限公司绩效管理小组确定了2019年各绩效指标目标值、标准分（表3-2-6）及评价等级（表1-2）。

表3-2-6　关键绩效指标标准分计算表

维度（1）	关键指标（2）	关键指标对于绩效评价的权重（3）	目标值（4）	指标标准分/分（5）=（3）×100	维度标准分
财务维度	净资产收益率	12.25%	14%	12.25	35
	毛利率	8.75%	9.50%	8.75	
	成本费用利润率	7.00%	8%	7.00	
	净利润现金含量	7.00%	135%	7.00	

续表

维度 (1)	关键指标 (2)	关键指标对于绩效评价的权重 (3)	目标值 (4)	指标标准分/分 (5) = (3)×100	维度标准分
客户维度	市场占有率	9.00%	5%	9.00	30
	客户获得率	7.50%	30%	7.50	
	快递服务公众满意度	7.50%	80分	7.50	
	客户有效申诉率	6.00%	0.80%	6.00	
内部业务流程维度	有效申诉处理满意率	6.25%	100%	6.25	25
	准时率	8.75%	78%	8.75	
	坏单率	3.75%	5%	3.75	
	派送员被投诉率	6.25%	2%	6.25	
学习与成长维度	全年培训人次	2.00%	3万	2.00	10
	培训考试合格率	1.50%	100%	1.50	
	员工满意度	3.50%	98%	3.50	
	核心员工离职率	3.00%	2%	3.00	
合计	—	100%	—	100	100

分析要求

1. 依据绩效评价分析指引，阅读该企业的相关信息，运用平衡计分卡工具方法分析该企业财务维度、客户维度、内部业务流程维度、学习与成长维度方面的指标，并计算各关键指标得分。（计算指标实际值和得分时保留2位小数，涉及百分数的百分号前保留2位小数。）

2. 根据分析所得到的信息语言，填制下列绩效评价分析报告中的空白部分（填空和选择），形成完整的绩效评价分析报告。

OP 快递股份有限公司 2019 年度绩效评价分析报告

分析报告人：OP 公司绩效管理小组

公司董事会及公司全体股东：

根据本公司 2019 年度的战略目标、财务、客户、内部运营、员工及其他方面的资料，绩效管理小组运用平衡计分卡工具方法，从财务、客户、内部业务流程、学习与成长 4 个维度对公司战略目标进行分解，确定战略目标达成的关键成功因素，根据各具体指标在公司战略中所处的地位，采用层次分析法建立绩效层次模型和比较矩阵，结合当下行业形势、2018 年度的绩效完成情况及实际经营状况，参考行业标准确定各绩效关键指标的权重、目标值、标准分及评价等级。在对各关键绩效指标实际值和得分进行计算的基础上（见附录"OP 快递股份有限公司 2019 年绩效评价数据测算分析表"），现就本公司 2019 年度的绩效情况以及相关管理建议报告如下：

一、公司绩效评价分析

（一）财务维度分析

本公司净资产收益率为____，比目标值□低 □高____个百分点，指标得分为____分，□低于 □高于标准分；毛利率为____，比目标值□低 □高____个百分点，指标得分为____分，□低于 □高于标准分；成本费用利润率为____，比目标值□低 □高____个百分点，指标得分为____分，□低于 □高于标准分；净利润现金含量为____，比目标值□低 □高____个百分点，指标得分为____分，□低于 □高于标准分。

（二）客户维度分析

本公司市场占有率为____，比目标值□低 □高____个百分点，指标得分为____分，□低于 □高于标准分；营业收入增长率为____，比目标值□低 □高____个百分点，指标得分为____分，□低于 □高于标准分；快递服务公众满意度为____分，比目标值□低 □高____分，指标得分为____分，□低于 □高于标准分；客户有效申诉率为____，比目标值□低 □高____个百分点，指标得分为____分，□低于 □高于标准分。

(三) 内部业务流程维度分析

本公司有效申诉处理满意率为____，比目标值□低 □高____个百分点，指标得分为____分，□低于 □高于标准分；准时率为____，比目标值□低 □高____个百分点，指标得分为____分，□低于 □高于标准分；坏单率为____，指标得分为____分，□等于 □低于 □高于标准分；派送员被投诉率为____，比目标值□低 □高____个百分点，指标得分为____分，□低于 □高于标准分。

(四) 学习与成长维度分析

本公司全年培训人次为____，比目标值□少 □多____，指标得分为____分，□低于 □高于标准分；培训考试合格率为____，比目标值□低 □高____个百分点，指标得分为____分，□低于 □高于标准分；员工满意度为____，比目标值□低 □高____个百分点，指标得分为____分，□低于 □高于标准分；核心员工离职率为____，比目标值□低 □高____个百分点，指标得分为____分，□低于 □高于标准分。

二、分析结论

综上所述，OP快递股份有限公司2019年的绩效评价得分为____分，绩效评价等级为____，其中，财务维度得分为____分，客户维度得分为____分，内部业务流程维度得分为____分，学习与成长维度得分为____分，□超出 □低于维度标准总分____分。

(一) 财务维度

财务维度权重为____，实际得分□超出 □低于标准____分。□净资产收益率、□毛利率、□成本费用利润率、□净利润现金含量达到预期，财务目标达成度□较好 □较差。

(二) 客户维度

客户维度权重为____，实际得分□超出 □低于标准____分。当年度，公司累计完成业务量____亿件，市场份额和竞争力□未达成 □达成预期目标；公司营业额在□增长 □下降，增长幅度□未达到 □达到预期；但由于□快递服务公众满意度、□客户有效申诉率 □未达到 □达到预期，导致客户维度得分低于标准分，公司快递服务质量仍有待提高。

(三) 内部业务流程维度

内部业务流程维度权重为____，实际得分□超出 □低于标准____分，企业内部管理的效率与效果□实现 □未实现预期目标。主要原因是□客户有效申诉处理满意率、□快递送达准时率、□快递坏单率、□派送员被投诉率未达到预期。可见，公司□处理客户申诉的水平、□快递配送服务的速度、□快递派送员的服务质量还有待提高。

(四) 学习与成长维度

学习与成长维度权重为____，实际得分□超出 □低于标准____分，学习与成长目标总体达成度□较好 □较差。从具体指标来看，本年度员工培训人次□未达到 □达到预期，但培训效果略显不足。由于个别员工在公司薪酬、工作条件方面打分略低，导致员工对企业的满意程度□未达成 □达成预期目标，但核心员工较为稳定，核心员工离职率□未达成 □达成预期目标。

三、改善企业绩效管理的建议

□1. 依靠新技术提升营运效率，降低企业成本，继续提高企业的经济效益和核心竞争力。

□2. 创新服务，满足广大消费者诉求，提升客户体验。

□3. 优化管理模式，丰富派送渠道，提升派送效率和快递服务质量。

□4. 进一步完善客户申诉及投诉管理机制，制定并落实科学标准化的处理方案和流程，降低客户有效申诉率，实现快速、精准理赔，提高公众满意度。

☐ 5. 加强员工业务技能培训，加大职业技能培训投入，提高企业培训效益。

☐ 6. 通过经济激励、目标激励、荣誉激励等方式完善公司激励机制，引导员工用心工作，培养员工对公司的认同感、归属感以及在工作中的自豪感。

☐ 7. 改善工作条件和环境，提高员工整体满意度。

8. 其他建议（学生自由答题）：

以上绩效评价分析报告及所附的"OP 快递股份有限公司 2019 年绩效评价数据测算分析表"仅作为公司绩效管理决策的参考依据，需要与其他管理会计分析报告和公司的实际具体情况结合使用。

2020 年 1 月 31 日

附录：

OP 快递股份有限公司 2019 年绩效评价数据测算分析表

维度 (1)	关键指标 (2)	关键指标对于绩效评价的权重 (3)	目标值 (4)	实际值计算过程 (5)	实际值 (6)	指标得分 正向指标：(7) = (6)÷(4)×(3)×100 负向指标：(7) = (4)÷(6)×(3)×100	维度得分 (8)
财务维度	净资产收益率	12.25%	14%				
	毛利率	8.75%	9.50%				
	成本费用利润率	7.00%	8%				
	净利润现金含量	7.00%	135%				
	市场占有率	9.00%	5%				
	客户获得率	7.50%	30%				
客户维度	快递服务公众满意度	7.50%	80 分		—		
	客户有效申诉率	6.00%	0.80%		—		

续表

维度(1)	关键指标(2)	关键指标对于绩效评价的权重(3)	目标值(4)	实际值计算过程(5)	实际值(6)	指标得分 正向指标：(7)=(6)÷(4)×(3)×100 负向指标：(7)=(4)÷(6)×(3)×100	维度得分(8)
内部业务流程维度	有效申诉处理满意率	6.25%	100%				
	准时率	8.75%	78%				
	坏单率	3.75%	5%				
	派送员被投诉率	6.25%	2%				
学习与成长维度	全年培训人次	2.00%	3万				
	培训考试合格率	1.50%	100%				
	员工满意度	3.50%	98%				
	核心员工离职率	3.00%	2%				
合计	—	100%	—	—	—		

训练案例 3
GH 家化股份有限公司绩效评价分析报告

 案例资料

一、企业概况

GH 家化股份有限公司是一家家用化工品制造企业,主要从事护肤类、洗护类、家居护理类产品的研发、生产和销售。2019 年以来,公司结合居民消费、行业发展、市场竞争等因素,制定了"研发自主化、品牌细分化、渠道多元化"的发展战略,并稳步推进战略落地举措。公司有较完善的管理制度,业务流程比较规范,管理水平相对较高。公司由办公室、人事部、财务部、销售部、采购部及外部专家组成了绩效管理项目团队,采用绩效棱柱模型进行绩效管理。

(一)财务资料

1. 资产负债表摘要(表 3-3-1)

表 3-3-1 资产负债表摘要

指标 (单位:万元)	2019 年 12 月 31 日	2018 年 12 月 31 日
资产总额	556 574.63	507 203.62
负债总额	243 087.12	217 350.55
所有者权益总额	313 487.51	289 853.07

注:截至 2019 年年末公司发行在外的普通股股数为 32 759 万股。

2. 利润表摘要（表 3-3-2）

表 3-3-2 利润表摘要

指标 （单位：万元）	2019 年	2018 年
营业收入	379 047.59	356 097.37
其中：A、B 产品销售额	113 714.28	89 024.34
营业成本	144 000.14	131 995.62
销售费用	159 406.32	144 269.53
管理费用	46 289.27	43 365.94
财务费用	770.91	2 245.44
净利润	27 054.56	26 219.00

（二）采购资料

GH 家化股份有限公司根据供应商综合情况，将 3 家供应商列为优质供应商，并保持长期合作关系。2019 年度，公司采购总额为 211 590.50 万元，比 2018 年度增长 11 131.83 万元。公司与供应商共签订采购合同 175 份，履约 175 份，供应商均及时交货。质检员对采购材料的数量和质量进行来料检验，材料合格率达 100%。

（三）生产资料

2019 年度，公司全年日化产品产量为 29 892.35 万件，质检员按照产品质量标准进行产品检测，发现有 1 200 件产品不合格，需要进行返工复检。在新产品、新工艺、新技术方面，当年度公司研发总投入共计 7 850 万元，新增知识产权 850 项，其中 2 项应用于新产品开发。

（四）销售资料

2019 年度，公司将具有较大的市场发展潜力且为社会和消费者带来高程度幸福感的 A、B 产品作为明星产品。当年度，A、B 产品的销售额为 113 714.28 万元，A、B 同类产品的市场销售总额为 527 725.8 万元。为拓展销售渠道、提升销售能力，销售部在产品、价格、广告等方面积极制定销售策略，成功率达 85%。公司产品的销售模式主要采用线上和线下相结合的方式。基于电商的快速发展，公司线上渠道实现 128 350 万元营业收入，已成功搭建 2 个电商销售平台，电商直播平均日流量增长率为 8.5%。通过问卷、留言等形式共获得客户反映有关产品质量、产品价格、售后服务等方面的建议 30 条，其中可行的、有建设性的建议共 20 条。

（五）其他资料

2019 年年末，公司人事部组织员工分别对股东决策力满意度进行测评，测评结果显示 2019 年度股东决策力满意度为 90%。当年度，公司委托第三方进行了客户调查，调查结果显示本公司品牌认知度为 70%，客户满意度为 85.3%，客户忠诚度为 62.6%，售后服务满意度为 80%，客户投诉率为 7.5%。

公司对内部相关人员进行了访谈，并邀请有关业务专家依据评价标准对公司生产技术水平、售后服务水平、供应商沟通能力、网店运营能力按照 1 级（80~100 分）、2 级（60~80 分）、3 级（40~60 分）、4 级（20~40 分）、5 级（0~20 分）5 个等级分别进行打分，1 级表示优，2 级表示良，3 级表示一般，4 级表示较差，5 级表示差。4 个定性指标最终得分如下：生产技术水平为 82 分，售后服务水平为 78 分，供应商沟通能力为 80 分，网店运营能力为 75 分。

二、利益相关者

绩效管理团队通过邀请专家对公司备选的利益相关者进行打分，选出了股东、客户及供应商三类利益相关者。他们与公司共享利益、共担风险，与公司的生存和发展建立了不可分割的关系。

三、棱柱的五个维度

绩效管理团队结合自身的经营环境、业务特点、发展阶段等因素，围绕绩效棱柱的 5 个方面，采用德尔菲法界定了利益相关者的 5 个维度，如表 3-3-3 所示。

表 3-3-3 棱柱维度表

利益相关者	利益相关者的愿望	公司战略	业务流程	组织能力	利益相关者的贡献
股东	期望公司创造丰厚的利润，投入的资金能得到更多的回报	打造明星产品，提高线上销售比例，实现线上与线下销售渠道的融合	增加明星产品销售额，搭建电商平台，增加电商直播平均日流量	增强企业技术创新能力，提高营销人员的网店运营能力和整体的营销水平	做出有效的决策
客户	期望公司产品性价比高、服务水平好	提高产品的品牌认知度	加大产品研发力度，提升产品质量和售后服务水平	提高员工的生产、服务能力	忠诚守信，并能对公司提供有效的反馈意见
供应商	期望公司扩大购买规模	建立优质供应商群体	提高合同履约率	提高采购部与供应商的沟通能力	保质保量提供合同约定的原材料，按时提交货物

四、构建指标体系

根据棱柱的 5 个维度，绩效管理团队采用问卷调查法及李克特 5 级量表法，对反映 5 个维度的绩效指标按照 1~5 分的分值进行打分，根据每个指标被选择的次数及等级分数来确定其重要程度，筛选和提炼出代表性强的绩效评价指标，如表 3-3-4 所示。

表 3-3-4 绩效评价指标表

利益相关者	利益相关者的愿望	公司战略	业务流程	组织能力	利益相关者的贡献
股东	净资产收益率、基本每股收益	明星产品市场占有率、线上产品营业收入占比	明星产品销售额增长率、电商平台搭建数量、电商直播平均日流量增长率	科技成果转化能力、网店运营能力、销售策略成功率	决策力满意度

续表

利益相关者	利益相关者的愿望	公司战略	业务流程	组织能力	利益相关者的贡献
客户	客户满意度、客户投诉率	品牌认知度	研发投入占主营业务收入比、产品合格率、售后服务满意度	生产技术水平、售后服务水平	客户忠诚度、有效建议反馈率
供应商	采购金额增长率	优质供应商保持率	采购合同履约率	供应商沟通能力	原材料合格率、交货及时率

五、分配指标权重

绩效管理团队根据棱柱 5 个维度重要值的调研结果，采用层次分析法建立绩效层次结构模型，计算出各层级指标的相对权重值，并通过各层级权重百分数相乘得到每个指标的权重系数，如表 3-3-5 所示。

表 3-3-5　绩效评价指标权重表

利益相关者	权重（1）	维度	权重（2）	评价指标	权重（3）	权重系数（4）=（1）×（2）×（3）
股东	50%	愿望	35%	净资产收益率	52.5%	9.19%
				基本每股收益	47.5%	8.31%
		战略	20%	明星产品市场占有率	64.5%	6.45%
				线上产品营业收入占比	35.5%	3.55%
		流程	15%	明星产品销售额增长率	35.2%	2.64%
				电商平台搭建数量	30.5%	2.29%
				电商直播平均日流量增长率	34.3%	2.57%
		能力	10%	科技成果转化数量	42.0%	2.10%
				网店运营能力	35.0%	1.75%
				销售策略成功率	23.0%	1.15%
		贡献	20%	决策力满意度	100%	10.00%

续表

利益相关者	权重（1）	维度	权重（2）	评价指标	权重（3）	权重系数（4）=（1）×（2）×（3）
客户	30%	愿望	35%	客户满意度	65.5%	6.88%
				客户投诉率	34.5%	3.62%
		战略	20%	品牌认知度	100%	6.00%
		流程	15%	研发投入占主营业务收入比	35.2%	1.58%
				产品合格率	38%	1.71%
				售后服务满意度	26.8%	1.21%
		能力	10%	生产技术水平	62.3%	1.87%
				售后服务水平	37.7%	1.13%
		贡献	20%	客户忠诚度	58.4%	3.50%
				有效建议反馈率	41.6%	2.50%
供应商	20%	愿望	35%	采购金额增长率	100%	7.00%
		战略	20%	优质供应商保持率	100%	4.00%
		流程	15%	采购合同履约率	100%	3.00%
		能力	10%	供应商沟通能力	100%	2.00%
		贡献	20%	原材料合格率	65.5%	2.62%
				交货及时率	34.5%	1.38%

六、确定绩效指标目标值、标准分及评价等级

根据 2018 年绩效完成情况及实际经营状况，参考家化行业标准值，通过与企业各部门管理层充分沟通，GH 家化股份有限公司绩效管理项目团队确定了 2019 年各绩效指标目标值、标准分（表 3-3-6）及评价等级（表 1-2）。

表 3-3-6　关键绩效指标标准分计算表

利益相关者（1）	维度（2）	评价指标（3）	目标值（4）	绩效评价指标权重系数（5）	指标标准分/分（6）＝（5）×100	维度标准分（7）	利益相关者标准分（8）
股东	愿望	净资产收益率	8%	9.19%	9.19	17.50	50.00
		基本每股收益	0.8	8.31%	8.31		
	战略	明星产品市场占有率	20%	6.45%	6.45	10.00	
		线上产品营业收入占比	30%	3.55%	3.55		
	流程	明星产品销售额增长率	25%	2.64%	2.64	7.50	
		电商平台搭建数量	2 个	2.29%	2.29		
		电商直播平均日流量增长率	8%	2.57%	2.57		
	能力	科技成果转化数量	2 项	2.10%	2.10	5.00	
		网店运营能力	70 分	1.75%	1.75		
		销售策略成功率	80%	1.15%	1.15		
	贡献	决策力满意度	95%	10.00%	10.00	10.00	
客户	愿望	客户满意度	98%	6.88%	6.88	10.50	30.00
		客户投诉率	3%	3.62%	3.62		
	战略	品牌认知度	80%	6.00%	6.00	6.00	
	流程	研发投入占主营业务收入比	2%	1.58%	1.58	4.50	
		产品合格率	100%	1.71%	1.71		
		售后服务满意度	90%	1.21%	1.21		
	能力	生产技术水平	85 分	1.87%	1.87	3.00	
		售后服务水平	80 分	1.13%	1.13		
	贡献	客户忠诚度	80%	3.50%	3.50	6.00	
		有效建议反馈率	70%	2.50%	2.50		

续表

利益相关者(1)	维度(2)	评价指标(3)	目标值(4)	绩效评价指标权重系数(5)	指标标准分/分(6)=(5)×100	维度标准分(7)	利益相关者标准分(8)
供应商	愿望	采购金额增长率	5%	7.00%	7.00	7.00	20.00
	战略	优质供应商保持率	100%	4.00%	4.00	4.00	
	流程	采购合同履约率	100%	3.00%	3.00	3.00	
	能力	供应商沟通能力	80分	2.00%	2.00	2.00	
	贡献	原材料合格率	100%	2.62%	2.62	4.00	
		交货及时率	100%	1.38%	1.38		
合计			—	100%	100	100	100

1. 依据绩效评价分析指引，阅读该企业的相关信息，运用绩效棱柱模型工具方法分析该企业利益相关者5个维度的绩效指标，并计算各关键指标得分。（计算指标实际值和得分时保留2位小数，涉及百分数的百分号前保留2位小数。）

2. 根据分析所得到的信息语言，填制下列绩效评价分析报告中的空白部分（填空和选择），形成完整的绩效评价分析报告。

GH家化股份有限公司2019年度绩效评价分析报告

分析报告人：GH公司绩效管理项目团队

公司董事会及公司全体股东：

根据2019年本公司的生产经营状况及财务情况等方面的相关数据和资料，绩效管理项目团队运用绩效棱柱模型工具方法，考虑自身的经营环境、业务特点、发展阶段等因素，确定了股东、客户和供应商三类利益相关者，并以利益相关者满意为出发点、利益相关者贡献为落脚点，以企业战略、业务流程、组织能力为手段界定了利益相关者的5个维度，并通过调研、沟通等环节，结合2018年公司绩效完成情况及实际经营状况，参考家化行业标准值确定了每个利益相关者各维度的绩效评价指标、各指标的权重、目标值、标准分及评价等级，构建了绩效评价体系。在对各关键绩效指标实际值和得分进行计算的基础上（见附录"GH家化股份有限公司2019年绩效评价数据测算分析表"），现就本公司2019年度的绩效情况以及相关管理建议报告如下：

一、公司绩效评价分析

（一）股东层面绩效分析

从股东层面的绩效来看，绩效得分是____分，□低于 □高于标准分。其中，股东愿望维度的绩效得分是____分，□低于 □高于标准分；股东战略维度的绩效得分是____分，□低于 □高于标准分；股东流程维度的绩效得分是____分，□低于 □高于标准分；股东能力维度的绩效得分是____分，□低于 □高于标准分；股东贡献维度的绩效得分是____分，□低于 □高于标准分。

（二）客户层面绩效分析

从客户层面的绩效来看，绩效得分是____分，□低于 □高于标准分。其中，客户愿望维度的绩效得分是____分，□低于 □高于标准分；客户战略维度的绩效得分是____分，□低于 □高于标准分；客户流程维度的绩效得分是____分，□低于 □高于标准分；客户能力维度的绩效得分是____分，□低于 □高于标准分；客户贡献维度的绩效得分是____分，□低于 □高于标准分。

（三）供应商层面绩效分析

从供应商层面的绩效来看，绩效得分是____分，□低于 □高于标准分。其中，供应商愿望维度的绩效得分是____分，□低于 □高于标准分；供应商战略维度的绩效得分是____分，□低于 □高于 □等于标准分；供应商流程维度的绩效得分是____分，□低于 □高于 □等于标准分；供应商能力维度的绩效得分是____分，□低于 □高于 □等于标准分；供应商贡献维度的绩效得分是____分，□低于 □高于 □等于标准分。

二、分析结论

综上所述，GH家化股份有限公司2010年的绩效评价得分为____分，绩效评价等级为____。

在三类利益相关者中，股东的权重为____，绩效得分□低于 □高于预期____分。GH家化股份有限公司通过增强企业技术创新能力，提高营销人员的网店运营能力和整体的营销水平，制定"打造明星产品，提高线上销售比例，实现线上与线下销售渠道的融合"的战略，实施"增加明星产品销售额，搭建电商平台，增加电商直播平均日流量"的流程，□实现了 □未实现股东的愿望，股东的决策能力和决策效率还有待提高。

客户的权重为____，绩效得分□低于 □高于预期目标____分。由于□品牌认知度、□研发投入占主营业务收入比、□产品合格率、□售后服务满意度、□生产技术水平、□售后服务水平 □达到了 □未达到预期目标，最终□实现了 □未实现客户的愿望，□客户满意度、□客户投诉率

☐低于 ☐高于预期目标。同时，客户为企业做出的贡献也☐达到了 ☐未达到公司的预期目标，☐客户忠诚度、有效建议反馈率 ☐低于 ☐高于预期目标。

供应商的权重为＿＿＿，绩效得分☐低于 ☐高于预期目标＿＿＿分。GH家化股份有限公司通过提高采购部与供应商的沟通能力，制定"建立优质供应商群体"的战略，实施"提高合同履约率"的流程，☐实现了 ☐未实现供应商的愿望。同时，供应商做出的贡献☐达到了 ☐未达到公司的预期目标。

三、改善企业绩效管理的建议

☐ 1. 充分进行市场调研，广泛听取各部门和员工的建议，提高股东决策的满意度。

☐ 2. 重视品牌定位，建立品牌特色，加大品牌营销宣传力度，提高企业品牌认知度。

☐ 3. 增强主动服务的意识，为客户着想，从细节做起，提升售后服务水平，保持客户忠诚度。

☐ 4. 完善客户满意管理机制和客户建议反馈机制，关注用户体验感知，提高客户满意度和有效建议反馈率。

☐ 5. 改进工艺和产品设计，强化企业自主研发能力，全面提升研发效率，提高企业的生产技术水平。

6. 其他建议（学生自由答题）：

以上绩效评价分析报告及所附的"GH家化股份有限公司2019年绩效评价数据测算分析表"仅作为公司绩效管理决策的参考依据，需要与其他管理会计分析报告和公司的实际具体情况结合使用。

2020 年 1 月 31 日

附录：

GH 家化股份有限公司 2019 年绩效评价数据测算分析表

利益相关者(1)	维度(2)	评价指标(3)	绩效评价指标权重系数(4)	目标值(5)	实际值计算过程(6)	实际值(7)	指标得分 正向指标： (8)=(7)÷(5)×(4)×100 负向指标： (8)=(5)÷(7)×(4)×100	维度得分(9)	利益相关者得分(10)
股东	愿望	净资产收益率	9.19%	8%					
		基本每股收益	8.31%	0.8					
	战略	明星产品市场占有率	6.45%	20%					
		线上产品营业收入占比	3.55%	30%					
		明星产品销售额增长率	2.64%	25%					
	流程	电商平台搭建数量	2.29%	2个	—				
		电商直播日均流量增长率	2.57%	8%	—				

续表

利益相关者(1)	维度(2)	评价指标(3)	绩效评价指标权重系数(4)	目标值(5)	实际值计算过程(6)	实际值(7)	指标得分： 正向指标： (8)=(7)÷(5)×(4)×100 负向指标： (8)=(5)÷(7)×(4)×100	维度得分(9)	利益相关者得分(10)
股东	能力	科技成果转化数量	2.10%	2项					
		网店运营能力	1.75%	70分	—				
		销售策略成功率	1.15%	80%	—				
	贡献	决策力满意度	10.00%	95%	—				
	愿望	客户满意度	6.88%	98%	—				
		客户投诉率	3.62%	3%	—				
	战略	品牌认知度	6.00%	80%	—				
客户	流程	研发投入占主营业务收入比	1.58%	2%					
		产品合格率	1.71%	100%					
		售后服务满意度	1.21%	90%	—				

续表

利益相关者(1)	维度(2)	评价指标(3)	绩效评价指标权重系数(4)	目标值(5)	实际值计算过程(6)	实际值(7)	指标得分 正向指标：(8)=(7)÷(5)×(4)×100 负向指标：(8)=(5)÷(7)×(4)×100	维度得分(9)	利益相关者得分(10)
客户	能力	生产技术水平	1.87%	85分					
		售后服务水平	1.13%	80分					
	贡献	客户忠诚度	3.50%	80%					
		有效建议反馈率	2.50%	70%					
供应商	愿望	采购金额增长率	7.00%	5%	—				
	战略	优质供应商保持率	4.00%	100%	—				
	流程	采购合同履约率	3.00%	100%					
	能力	供应商沟通能力	2.00%	80分	—				
	贡献	原材料合格率	2.62%	100%	—				
		交货及时率	1.38%	100%	—				
合计			100%	—	—	—			

训练案例 4
XZ 电器股份有限公司绩效评价分析报告

案例资料

一、企业概况

XZ 电器股份有限公司是一家电器制造企业,主要生产经营家用电器,实行线上、线下多渠道销售。2019 年以来,公司围绕产品智能化、数字化等行业发展趋势加大新技术、新产品、新工艺的研发投入,加快产品向中高端方向发展。公司管理制度比较完善,业务流程比较规范,管理水平相对较高,有独立的研发体系。公司由办公室、人事部、财务部、销售部、采购部及外部专家组成了绩效管理项目团队,采用绩效棱柱模型进行绩效管理。

(一) 财务资料(注:本案例中涉及的所得税费用为纳税调整后的数据)

1. 资产负债表摘要(表 3-4-1)

表 3-4-1 资产负债表摘要

指标 (单位:万元)	2019 年 12 月 31 日	2018 年 12 月 31 日
资产总额	15 097 000.00	13 184 550.00
其中:流动资产	10 823 634.60	—
应收账款	1 146 116.95	1 571 823.40
负债总额	9 722 700.00	8 562 350.00
其中:流动负债	7 215 424.20	—
所有者权益总额	5 374 300.00	4 622 200.00

2. 利润表摘要（表3-4-2）

表3-4-2 利润表摘要

指标 （单位：万元）	2019年	2018年
营业收入	13 910 300.85	12 982 741.00
其中：主营业务收入	12 713 800.00	11 902 765.00
新产品主营业务收入	1 259 098.20	1 183 146.20
营业成本	9 895 196.40	—
税金及附加	84 651.68	—
销售费用	1 730 061.55	—
管理费用	476 068.05	—
财务费用	-112 081.80	—
其中：利息费用	44 035.00	—
利润总额	1 495 955.70	1 288 152.90
净利润	1 210 020.47	1 011 213.56

3. 现金流量表摘要（表3-4-3）

表3-4-3 现金流量表摘要

指标 （单位：万元）	2019年
销售商品收到现金	11 940 279.45
经营活动现金流入	12 605 658.90
经营活动现金流出	10 676 138.70

（二）采购资料

2019年度，公司与供应商共签订采购合同250份，履约248份，采购总额为9 147 735.23万元。质检员对采购材料的数量和质量进行来料检验，材料合格率达100%。2018年度，公司采购总额为8 563 137.2万元，公司根据供应商综合情况，将5家供应商列为优质供应商。2019年度，其中一家供应商因资金链出现问题，有2份合同未能按期交货及时履约，优质供应商减少为4家。

（三）生产资料

2019年度，XZ电器股份有限公司全年家用电器产量为3 864.68万台，质检员按照产品质量标准进行产品检测，发现有3 800台产品不合格，需要进行返工复检。在新产品、新工艺、新技术方面，当年度公司研发总投入共计481 408.85万元，新增知识产权2 056项，其中5项应用于新产品开发。

（四）销售资料

2019年度，家电全行业累计主营业务收入达到1.53万亿元。为拓展销售渠道、提升销售能力，公司销售部在产品、价格、广告等方面积极制定销售策略，成功率达80%。当年度，产生购买行为的中间商客户共50家，其中有35家进行了重复购买。通过问卷、留言等形式共获得客户反映有关产品质量、产品价格、售后服务等方面的建议25条，其中可行的、有建设性的建议共12条。

（五）员工资料

XZ电器股份有限公司员工共66 203人，其中公司董事、高级管理人员及对公司经营业绩发展有直接影响的其他管理人员、核心技术（业务）骨干共2 453名。2019年度，公司共有20名核心员工因个人原因离职。公司建立了完善的人才培养体系，搭建了能力提升平台，大力推动公司内部学习氛围建设。全年公司内部培训人员达316 963人次，其中管理人员13 200人次，技术及营销类人员141 400人次，操作类人员162 363人次，参培人员考试合格率达95%。2019年度，员工提出关于公司管理、服务质量提升等方面的合理化建议共50条，已采纳和实施的建议有45条。公司根据员工的岗位价值、绩效表现、综合业绩等情况核定员工的工资薪酬共1 319 229万元，与2018年度相比，增加69 671万元。

（六）其他资料

2019年年末，公司人事部组织员工分别对股东决策力满意度和员工满意度进行测评，测评结果显示 2019 年度股东决策力满意度为 98.6%，员工满意度为 95.5%。当年度，公司委托第三方进行了客户调查，调查结果显示本公司品牌认知度为 92.5%，属于行业领先水平；客户满意度指数为 93.5%；售后服务满意度为 92.8%；客户投诉率为 5.1%。

公司对内部相关人员进行了访谈，并邀请有关业务专家依据评价标准对公司生产技术水平、宣传及售后服务水平、供应商沟通能力、人力资源管理水平和员工工作完成情况按照 1 级（80~100 分）、2 级（60~80 分）、3 级（40~60 分）、4 级（20~40 分）、5 级（0~20 分）5 个等级分别进行打分，1 级表示优，2 级表示良，3 级表示一般，4 级表示较差，5 级表示差。5 个定性指标最终得分如下：生产技术水平为 80 分；宣传及售后服务水平为 85 分；供应商沟通能力为 86 分；人力资源管理水平为 70 分；员工工作完成情况为 82 分。

中国农业银行通过对公司偿债能力、获利能力、经营管理、履约情况、发展能力与潜力 5 个方面进行评价，评定公司的企业信用等级为 AAA 级，得分为 95 分。当年度，公司按期还款率为 100%，债务融资成功率为 100%，银行借款的资本成本率为 3.38%。

二、利益相关者

绩效管理团队邀请了 25 位行业专家对公司备选的利益相关者进行打分，每位专家根据职业判断，选出与公司最为相关的利益相关者：股东、债权人、客户、供应商及员工。他们与公司共享利益、共担风险，与公司的生存和发展建立了不可分割的关系。

三、棱柱的五个维度

绩效管理团队结合自身的经营环境、业务特点、发展阶段等因素，围绕绩效棱柱的 5 个方面，即"利益相关者的愿望和需求是什么？""公司要制定何种战略来满足利益相关者的需求？""公司需要什么样的流程才能有效地执行战略？""公司需要培育哪些能力才能实施这样的流程？""利益相关者能提供给公司什么？"，采用德尔菲法界定了利益相关者的 5

个维度,如表3-4-4所示。

表3-4-4 棱柱维度表

利益相关者	利益相关者的愿望	公司战略	业务流程	组织能力	利益相关者的贡献
股东	期望投入的资本能带来较高的收益,实现股东财富最大化	打造领先市场的产品,引进高精尖的技术,拓宽销售渠道	探索新产品,巩固原有市场,建立多层级销售体系,合理规划成本费用	增强企业技术创新能力以及营销人员的专业能力	做出有效的决策
债权人	期望公司有较好的信用,能及时还款	提高利润,储备充裕的现金	加强应收账款管理,减少坏账	提高客户信用状况的调查能力以及货款催收能力	提供资金支持,降低企业的债务资本成本
客户	期望公司产品性价比高、服务水平好	提高产品质量、售后服务水平以及产品竞争力	加大企业产品研发力度,提升产品认知度	提高员工的生产、服务能力	与公司建立长期合作关系,并能对公司提供有效的反馈意见
供应商	期望公司扩大购买规模	建立优质供应商群体	提高合同履约率	提高采购部与供应商的沟通能力	保质保量提供合同约定的原材料,按时提交货物
员工	期望公司提供令人满意的薪酬福利和工作环境	培养公司核心员工,提高员工提出的合理化建议的处理效率	加大员工培训力度,提升培训质量	提高人事部合理制定薪酬制度的能力	积极完成工作,保持核心员工稳定性

四、构建指标体系

根据棱柱的 5 个维度，绩效管理团队采用问卷调查法及李克特 5 级量表法，对反映 5 个维度的绩效指标按照 1~5 分的分值进行打分，根据每个指标被选择的次数及等级分数来确定其重要程度，筛选和提炼出代表性强的绩效评价指标，如表 3-4-5 所示。

表 3-4-5　绩效评价指标表

利益相关者	利益相关者的愿望	公司战略	业务流程	组织能力	利益相关者的贡献
股东	总资产报酬率、净资产收益率	市场占有率、销售额增长率	新产品销售额、成本费用利润率	科技成果转化数量、销售策略成功率	决策力满意度
债权人	企业信用等级、按期还款率	净利润增长率、净利润现金含量	销售收现比率、应收账款周转率	利息保障倍数	债务融资成功率、债务资本成本率
客户	客户满意度、客户投诉率	产品合格率、售后服务满意度	研发投入占主营业务收入比、品牌认知度	生产技术水平、宣传及售后服务水平	重复购买率、有效建议反馈率
供应商	采购金额增长率	优质供应商保持率	采购合同履约率	供应商沟通能力	原材料合格率、交货及时率
员工	职工薪酬增长率、员工满意率	核心员工占比、合理化建议落实率	全年培训人次、培训考试合格率	人力资源管理水平	工作完成情况、核心员工离职率

五、分配指标权重

绩效管理团队根据棱柱 5 个维度重要值的调研结果，采用层次分析法建立绩效层次结构模型，计算出各层级指标的相对权重值，并通过各层级权重百分数相乘得到每个指标的权重系数，如表 3-4-6 所示。

表 3-4-6 绩效评价指标权重表

利益相关者	权重（1）	维度	权重（2）	评价指标	权重（3）	权重系数（4）=（1）×（2）×（3）
股东	38%	愿望	40%	总资产报酬率	31.7%	4.82%
				净资产收益率	68.3%	10.38%
		战略	20%	市场占有率	46.6%	3.54%
				销售额增长率	53.4%	4.06%
		流程	18%	新产品销售额	52.8%	3.61%
				成本费用利润率	47.2%	3.23%
		能力	12%	科技成果转化数量	38.8%	1.77%
				销售策略成功率	61.2%	2.79%
		贡献	10%	决策力满意率	100%	3.80%
债权人	12%	愿望	40%	企业信用等级	51.6%	2.48%
				按期还款率	48.4%	2.32%
		战略	20%	净利润增长率	63.6%	1.53%
				净利润现金含量	36.4%	0.87%
		流程	18%	销售收现比率	52.1%	1.13%
				应收账款周转率	47.9%	1.03%
		能力	12%	利息保障倍数	100%	1.44%
		贡献	10%	债务融资成功率	52.5%	0.63%
				债务资本成本率	47.5%	0.57%
客户	25%	愿望	40%	客户满意度	75.5%	7.55%
				客户投诉率	24.5%	2.45%
		战略	20%	产品合格率	64%	3.20%
				售后服务满意度	36%	1.80%
		流程	18%	研发投入占主营业务收入比	58.6%	2.64%
				品牌认知度	41.4%	1.86%

续表

利益相关者	权重（1）	维度	权重（2）	评价指标	权重（3）	权重系数（4）=（1）×（2）×（3）
客户	25%	能力	12%	生产技术水平	61.1%	1.83%
				宣传及售后服务水平	38.9%	1.17%
		贡献	10%	重复购买率	72%	1.80%
				有效建议反馈率	28%	0.70%
供应商	10%	愿望	40%	采购金额增长率	100%	4.00%
		战略	20%	优质供应商保持率	100%	2.00%
		流程	18%	采购合同履约率	100%	1.80%
		能力	12%	供应商沟通能力	100%	1.20%
		贡献	10%	原材料合格率	54.9%	0.55%
				交货及时率	45.1%	0.45%
员工	15%	愿望	40%	职工薪酬增长率	55.3%	3.32%
				员工满意率	44.7%	2.68%
		战略	20%	核心员工占比	74%	2.22%
				合理化建议落实率	26%	0.78%
		流程	18%	全年培训人次	37.2%	1.00%
				培训考试合格率	62.8%	1.70%
		能力	12%	人力资源管理水平	100%	1.80%
		贡献	10%	工作完成情况	58.4%	0.88%
				核心员工离职率	41.6%	0.62%

六、确定绩效指标目标值、标准分及评价等级

根据2018年绩效完成情况及实际经营状况，参考家电行业标准值，通过与企业各部门管理层充分沟通，XZ电器股份有限公司绩效管理项目团队确定了2019年各绩效指标目标值、标准分（表3-4-7）及评价等级（表1-2）。

表 3-4-7　关键绩效指标标准分计算表

利益相关者（1）	维度（2）	评价指标（3）	目标值（4）	绩效评价指标权重系数（5）	指标标准分/分（6）=（5）×100	维度标准分（7）	利益相关者标准分（8）
股东	愿望	总资产报酬率	7.8%	4.82%	4.82	15.20	38
		净资产收益率	23%	10.38%	10.38		
	战略	市场占有率	8%	3.54%	3.54	7.60	
		销售额增长率	5%	4.06%	4.06		
	流程	新产品销售额	1 250 000万元	3.61%	3.61	6.84	
		成本费用利润率	9.4%	3.23%	3.23		
	能力	科技成果转化数量	5 项	1.77%	1.77	4.56	
		销售策略成功率	78%	2.79%	2.79		
	贡献	决策力满意度	100%	3.80%	3.80	3.80	
债权人	愿望	企业信用等级	AAA 级，95 分	2.48%	2.48	4.80	12
		按期还款率	100%	2.32%	2.32		
	战略	净利润增长率	18%	1.53%	1.53	2.40	
		净利润现金含量	130%	0.87%	0.87		
	流程	销售收现比率	90%	1.13%	1.13	2.16	
		应收账款周转率	8	1.03%	1.03		
	能力	利息保障倍数	30	1.44%	1.44	1.44	
	贡献	债务融资成功率	100%	0.63%	0.63	1.20	
		债务资本成本率	3%	0.57%	0.57		

续表

利益相关者(1)	维度(2)	评价指标(3)	目标值(4)	绩效评价指标权重系数(5)	指标标准分/分(6)=(5)×100	维度标准分(7)	利益相关者标准分(8)
客户	愿望	客户满意度	95%	7.55%	7.55	10.00	25
		客户投诉率	2%	2.45%	2.45		
	战略	产品合格率	100%	3.20%	3.20	25	
		售后服务满意度	95%	1.80%	1.80		
	流程	研发投入占主营业务收入比	3.2%	2.64%	2.64	4.50	
		品牌认知度	90%	1.86%	1.86		
	能力	生产技术水平	90分	1.83%	1.83	3.00	
		宣传及售后服务水平	90分	1.17%	1.17		
	贡献	重复购买率	65%	1.80%	1.80	2.50	
		有效建议反馈率	50%	0.70%	0.70		
供应商	愿望	采购金额增长率	5%	4.00%	4.00	4.00	10
	战略	优质供应商保持率	80%	2.00%	2.00	2.00	
	流程	采购合同履约率	99%	1.80%	1.80	1.80	
	能力	供应商沟通能力	85分	1.20%	1.20	1.20	
	贡献	原材料合格率	100%	0.55%	0.55	1.00	
		交货及时率	100%	0.45%	0.45		
员工	愿望	员工薪酬增长率	6.5%	3.32%	3.32	6.00	15
		员工满意率	100%	2.68%	2.68		

续表

利益相关者（1）	维度（2）	评价指标（3）	目标值（4）	绩效评价指标权重系数（5）	指标标准分/分（6）=（5）×100	维度标准分（7）	利益相关者标准分（8）
员工	战略	核心员工占比	5%	2.22%	2.22	3.00	15
		合理化建议落实率	95%	0.78%	0.78		
	流程	全年培训人次	30万	1.00%	1.00	2.70	
		培训考试合格率	100%	1.70%	1.70		
	能力	人力资源管理水平	80分	1.80%	1.80		
	贡献	工作完成情况	85分	0.88%	0.88	1.50	
		核心员工离职率	0.1%	0.62%	0.62		
合计			—	100%	100	100	100

 分析要求

1. 依据绩效评价分析指引，阅读该企业的相关信息，运用绩效棱柱模型工具方法分析该企业利益相关者5个维度的绩效指标，并计算各关键指标得分。（计算指标实际值和得分时保留2位小数，涉及百分数的百分号前保留2位小数。）

2. 根据分析所得到的信息语言，填制下列绩效评价分析报告中的空白部分（填空和选择），形成完整的绩效评价分析报告。

XZ电器股份有限公司2019年度绩效评价分析报告

分析报告人：<u>XZ公司绩效管理项目团队</u>

公司董事会及公司全体股东：

根据2019年本公司的生产经营状况及财务情况等方面的相关数据和资料，绩效管理项目团队运用绩效棱柱模型工具方法，考虑自身的经营环境、业务特点、发展阶段等因素，确定了股东、债权人、客户、供应商和员工五类利益相关者，并以利益相关者满意为出发点、利益相关者贡献为落脚点，以企业战略、业务流程、组织能力为手段界定了利益相关者的5个维度，并通过调研、沟通等环节，结合2018年公司绩效完成情况及实际经营状况，参考家电行业标准值确定了每个利益相关者各维度的绩效评价指标、各指标的权重、目标值、标准分及评价等级，构建了绩效评价体系。在对各关键绩效指标实际值和得分进行计算的基础上（见附录"XZ电器股份有限公司2019年绩效评价数据测算分析表"），现就本公司2019年度的绩效情况以及相关管理建议报告如下：

一、公司绩效评价分析

（一）股东层面绩效分析

从股东层面的绩效来看，绩效得分是____分，□低于 □高于标准分。其中，股东愿望维度的绩效得分是____分，□低于 □高于标准分；股东战略维度的绩效得分是____分，□低于 □高于标准分；股东流程维度的绩效得分是____分，□低于 □高于标准分；股东能力维度的绩效得分是____分，□低于 □高于标准分；股东贡献维度的绩效得分是____分，□低于 □高于标准分。

（二）债权人层面绩效分析

从债权人层面的绩效来看，绩效得分是____分，☐低于 ☐高于标准分。其中，债权人愿望维度的绩效得分是____分，☐低于 ☐高于 ☐等于标准分；债权人战略维度的绩效得分是____分，☐低于 ☐高于标准分；债权人流程维度的绩效得分是____分，☐低于 ☐高于标准分；债权人能力维度的绩效得分是____分，☐低于 ☐高于标准分；债权人贡献维度的绩效得分是____分，☐低于 ☐高于标准分。

（三）客户层面绩效分析

从客户层面的绩效来看，绩效得分是____分，☐低于 ☐高于标准分。其中，客户愿望维度的绩效得分是____分，☐低于 ☐高于标准分；客户战略维度的绩效得分是____分，☐低于 ☐高于标准分；客户流程维度的绩效得分是____分，☐低于 ☐高于标准分；客户能力维度的绩效得分是____分，☐低于 ☐高于标准分；客户贡献维度的绩效得分是____分，☐低于 ☐高于标准分。

（四）供应商层面绩效分析

从供应商层面的绩效来看，绩效得分是____分，☐低于 ☐高于标准分。其中，供应商愿望维度的绩效得分是____分，☐低于 ☐高于标准分；供应商战略维度的绩效得分是____分，☐低于 ☐高于 ☐等于标准分；供应商流程维度的绩效得分是____分，☐低于 ☐高于 ☐等于标准分；供应商能力维度的绩效得分是____分，☐低于 ☐高于标准分；供应商贡献维度的绩效得分是____分，☐低于 ☐高于标准分。

（五）员工层面绩效分析

从员工层面的绩效来看，绩效得分是____分，☐低于 ☐高于标准分。其中，员工愿望维度的绩效得分是____分，☐低于 ☐高于标准分；员工战略维度的绩效得分是____分，☐低于 ☐高于标准分；员工流程维度的绩效得分是____分，☐低于 ☐高于标准分；员工能力维度的绩效得分是____分，☐低于 ☐高于标准分；员工贡献维度的绩效得分是____分，☐

☐低于 ☐高于标准分。

二、分析结论

综上所述，XZ 电器股份有限公司 2019 年的绩效评价得分为____分，绩效评价等级为____。

在五类利益相关者中，股东的权重为____，绩效得分☐低于 ☐高于预期____分。XZ 电器股份有限公司通过增强企业技术创新能力以及市场部和营销人员的专业能力，制定"打造领先市场的产品，引进高精尖的技术，拓宽销售渠道"的战略，实施"探索新产品，巩固原有市场，建立多层级销售体系，合理规划成本费用"的流程，☐实现了 ☐未实现股东的愿望，股东的决策能力和决策效率还有待提高。

债权人的权重为____，绩效得分☐低于 ☐高于预期____分。XZ 电器股份有限公司通过提高客户信用状况的调查能力以及货款催收能力，制定"提高利润，储备充裕的现金"的战略，实施"加强应收账款管理，减少坏账"的流程，☐实现了 ☐未实现债权人的愿望。但在☐提高债务融资成功率、☐降低债务资本成本率 方面未实现预期目标。

客户的权重为____，绩效得分☐低于 ☐高于预期____分。客户给企业做出的贡献总体上☐达到了 ☐未达到预期目标，但在☐重复购买率、☐有效建议反馈率方面略显不足，还有待改善和提高。另外，由于☐生产技术水平、☐宣传及售后服务水平、☐研发投入占主营业务收入比、☐品牌认知度、☐产品合格率、☐售后服务满意度 ☐达到了 ☐未达到预期目标，最终☐实现了 ☐未实现客户的愿望，☐客户满意度、 ☐客户投诉率 ☐低于 ☐高于预期。

供应商的权重为____，绩效得分☐低于 ☐高于预期____分。XZ 电器股份有限公司通过提高采购部与供应商的沟通能力，制定"建立优质供应商群体"的战略，实施"提高合同履约率"的流程，☐实现了 ☐未实现供应商的愿望。同时，供应商做出的贡献☐达到了 ☐未达到公司的预期，但在☐原材料合格率、☐交货及时率方面略显不足。

员工的权重为＿＿＿，绩效得分□低于 □高于预期＿＿＿分。由于□人力资源管理水平、□全年培训人次、□培训考试合格率、□核心员工占比、□合理化建议落实率 □达到了 □未达到预期目标，最终□实现了 □未实现员工的愿望，□职工薪酬增长率、□员工满意度 □低于 □高于预期。同时，员工为企业做出的贡献也□达到了 □未达到公司的预期，□工作完成情况、□核心员工离职率 □低于 □高于预期。

三、提高企业绩效管理的建议

□1. 加大品牌营销宣传力度，提高企业品牌认知度和售后服务水平，保持客户忠诚度和广泛认可的品牌美誉度。

□2. 在巩固现有成果的基础上持续改进与不断创新，从而大幅度提升公司的综合质量竞争能力，建立客户满意管理机制，关注用户体验感知，提高客户有效建议反馈率。

□3. 加大员工培训力度，建立规范化培训机制，提高企业培训效益。

□4. 关心员工成长，帮助员工提高知识和技能水平、改善工作方法、端正工作态度等，建立员工的归属感，实现企业和个人的可持续发展，建立完善的核心员工培养机制，降低核心员工离职率。

□5. 增强企业员工凝聚力，提高员工的满意度和忠诚度，合理提高员工薪酬，制定有效的激励机制，提高员工的工作效率和对合理化建议的处理效率。

□6. 改进工艺和产品设计，强化企业自主研发能力，全面提升研发效率，提高企业的生产技术水平。

□7. 充分进行市场调研，广泛听取各部门和员工的建议，提高股东决策的满意度。

□8. 合理安排筹资期限，提高企业信誉，积极利用负债经营，取得财务杠杆效益，降低资本成本，提高投资效益。

□9. 建立优质供应商群体，提高按时交货率，降低合同违约风险。

10. 其他建议（学生自由答题）：

以上绩效评价分析报告及所附的"XZ电器股份有限公司2019年绩效评价数据测算分析表"仅作为公司绩效管理决策的参考依据，需要与其他管理会计分析报告和公司的实际具体情况结合使用。

2020年1月31日

附录：

XZ 电器股份有限公司 2019 年绩效评价数据测算分析表

利益相关者(1)	维度(2)	评价指标(3)	绩效评价指标权重系数(4)	目标值(5)	实际值计算过程(6)	实际值(7)	指标得分 正向指标： (8)=(7)÷(5)×(4)×100 负向指标： (8)=(5)÷(7)×(4)×100	维度得分(9)	利益相关者得分(10)
股东	愿望	总资产报酬率	4.82%	7.8%					
		净资产收益率	10.38%	23%					
	战略	市场占有率	3.54%	8%					
		销售额增长率	4.06%	5%					
	流程	新产品销售额	3.61%	1 250 000 万元					
		成本费用利润率	3.23%	9.4%					
	能力	科技成果转化数量	1.77%	5 项	—				
		销售策略成功率	2.79%	78%	—				
	贡献	决策力满意度	3.80%	100%	—				

续表

利益相关者(1)	维度(2)	评价指标(3)	绩效评价指标权重系数(4)	目标值(5)	实际值计算过程(6)	实际值(7)	指标得分 正向指标：(8)=(7)÷(5)×(4)×100 负向指标：(8)=(5)÷(7)×(4)×100	维度得分(9)	利益相关者得分(10)
债权人	愿望	企业信用等级	2.48%	AAA级,95分					
		按期还款率	2.32%	100%					
	战略	净利润增长率	1.53%	18%					
		净利润现金含量	0.87%	130%					
	流程	销售收现比率	1.13%	90%					
		应收账款周转率	1.03%	8					
	能力	利息保障倍数	1.44%	3					
	贡献	债务融资成功率	0.63%	100%	—				
		债务资本成本率	0.57%	3%	—				
客户	愿望	客户满意度	7.55%	95%	—				
		客户投诉率	2.45%	2%	—				

续表

利益相关者(1)	维度(2)	评价指标(3)	绩效评价指标权重系数(4)	目标值(5)	实际值计算过程(6)	实际值(7)	指标得分 正向指标: (8)=(7)÷(5)×(4)×100 负向指标: (8)=(5)÷(7)×(4)×100	维度得分(9)	利益相关者得分(10)
客户	战略	产品合格率	3.20%	100%					
		售后服务满意度	1.80%	95%					
	流程	研发投入占主营业务收入比	2.64%	3.2%					
	能力	品牌认知度	1.86%	90%	—				
		生产技术水平	1.83%	90 分	—				
		宣传及售后服务水平	1.17%	90 分	—				
	贡献	重复购买率	1.80%	65%					
		有效建议反馈率	0.70%	50%					
供应商	愿望	采购金额增长率	4.00%	5%					
	战略	优质供应商保持率	2.00%	80%					

续表

利益相关者(1)	维度(2)	评价指标(3)	绩效评价指标权重系数(4)	目标值(5)	实际值计算过程(6)	实际值(7)	指标得分 正向指标： (8)=(7)÷(5)×(4)×100 负向指标： (8)=(5)÷(7)×(4)×100	维度得分(9)	利益相关者得分(10)
供应商	流程	采购合同履约率	1.80%	99%					
	能力	供应商沟通能力	1.20%	85分	—				
	贡献	原材料合格率	0.55%	100%					
		交货及时率	0.45%	100%	—				
	愿望	职工薪酬增长率	3.32%	6.5%					
		员工满意度	2.68%	100%	—				
员工	战略	核心员工占比	2.22%	5%					
		合理化建议落实率	0.78%	95%					
	流程	全年培训人次	1.00%	30万	—				
		培训考试合格率	1.70%	100%	—				

续表

利益相关者(1)	维度(2)	评价指标(3)	绩效评价指标权重系数(4)	目标值(5)	实际值计算过程(6)	实际值(7)	指标得分 正向指标： $(8)=(7)\div(5)\times(4)\times100$ 负向指标： $(8)=(5)\div(7)\times(4)\times100$	维度得分(9)	利益相关者得分(10)
员工	能力	人力资源管理水平	1.80%	80分					
	贡献	工作完成情况	0.88%	85分	—				
		核心员工离职率	0.62%	0.1%	—				
合计			100%	—	—				